JN297210

# 実践 アーカイブ・マネジメント
Archive Management

## 自治体・企業・学園の実務

朝日崇　著
Takashi Asahi

# 目次 contents

## 第一章　アーカイブの世界に馴染もう

# 第二章　アーカイブの大事さを知ろう

## 第三章　アーカイブを実践してみよう

# 第四章　先達から学ぼう

## 第五章　これからやるべきことを見極めよう

Column

# 第一章　アーカイブの世界に馴染もう

# 日本で起きていること

## 公文書の管理法が成立

「公文書等の管理に関する法律案」が二〇〇九（平成二一）年三月三日に、第一七一回国会に提出され、六月二四日に成立しました。この法案は、前年の二〇〇八年一一月四日、公文書管理の在り方を議論する有識者会議が内閣総理大臣に提出した最終報告『「時を貫く記録としての公文書管理の在り方」～今、国家事業として取り組む～』（42ｐ参照）を基に政府内で検討がなされてきたものです。

まずこの法案のいくつかの基本的背景を押さえておきましょう。

無いと言っていて後から出てきた薬害エイズ資料や、防衛省の航海日誌改竄《かいざん》、宙に浮いた五〇〇〇万件の年金記録等々、資料や記録に関わる不祥事は枚挙に暇がありませんが、一体こうした問題の淵源はどこにあるのでしょうか。

第一に、各省庁が日頃作成している文書（現用文書）の保存・廃棄に関わる権限は、その省庁にあり、最高三〇年の保存期間を過ぎても、歴史資料（非現用文書）を扱う国立公文書館に移行する制度が確立されていなかったことが挙げられます。

第二に、各省庁の現用文書の総元締めが総務省であり、非現用文書の総元締めが内閣府という縦割り行政で横の連絡が密でなかったという問題があります。国立公文書館の専門官が各省庁に出向き、非現用文書の移管を要請しても、実際に移管される量は全体の一パーセントにも満たなかったと言われます。

第三に、市民等の公開請求による情報公開法が二〇〇一年に施行されましたが、この法の及ぶ範囲は、「行政文書」と命名される現用文書のみで、国立公文書館法[※①]で「公文書」と称した非現用の文書は対象外です（72ｐ参照）。各省庁の基準で保管も廃棄もバラバラであったためその行政文書すら、請求によって公開されようにも、そもそも作成や保存・廃棄に関わる文書そのものを扱う法律がないので、都合が悪ければ「文書不存在」とされてしまうケースもあったのです。

この点米国は、連邦記録法（一九五〇年）、情報自由法（一九六六年）が定められており、記録と公開が、いわば車の両輪として機能しています。本法律によって、現用と非現用文書の扱いが一貫したものになる、と言われています。

## 発端

では、政府首脳は、いつごろからこれらの問題意識を持ち始めたのでしょうか。ことの発端は、二〇〇三（平成一五）年、時の福田康夫内閣官房長官が関係者へ打診したことに始まると言われます。

もともと福田氏は、地元である群馬県高崎市の戦前、空襲に遭う前の様子を留める写真が少ないことを地元の支持者から聞かされていました。探してみると米国の国立公文書館[※②]に、戦時中に米軍が撮影した航空写真が多数残されていることが分かりました。日本の近代史研究者が本格的な論文を書くときに、米国の文書館を頼りにするのはよく知られていますが、規模でいうと、当時米国の国立公文書館の専門職員数二五〇〇人余に対して、わが国は四二人と言われていました。

福田氏がわが国の公文書館制度の充実を図りたい、と思っていた矢先、中国、韓国に遅れをとるわが国のアーカイブの現状が紹介された[※③]新聞記事を読んだことが一つのきっかけだったといいます。

後に首相となった福田氏は、二〇〇八年一月、施政方針演説において、年金記録の杜撰な管理を引き合いに出して、行政文書の在り方と法制化、公文書の保存に向けた体制整備に言及しました。二月、公文書担当大臣を新設し、その下で尾崎護元大蔵次官を座長とする「公文書管理の在り方等に関する有識者会議」を開催して、この問題について検討を続けました。

同年七月一日、有識者会議は中間報告をとりまとめ、上川陽子公文書管理担当大臣に提出しました。中間報告の第一の柱は、公文書管理の在り方を抜本的に見なおし、文書の作成、利用、保管についての統一的基準を定める「公文書管理法」（仮称）を制定すること、第二は、内閣府に公文書管理の「司令塔」となる担当機関を設置し、現在独立行政法人である国立公文書館を同機関に統合するかあるいは「特別の法人」に改組する、というもので、人員も現状の五〇人程度から「数百人規模」にまで増やすとしました。有識者会議は、これらの内容をさらに揉んで、一一月に前述の報告書を出しました。

## 今後の課題

成立した法律は様々な面で問題を抱えていると言われますが、ここでは評価すべきとされる点と、問題とされる点を挙げてみます。

＜評価すべき点＞

・公文書が、民主主義の根幹を支える国民共有の知的資源と定義されたこと
・文書の作成から保存、国立公文書館への移管、閲覧利用までを一貫するものとして捉えられたこと
・情報公開法とセットになり、特に「国民に対する説明責任」を果たすための手段・バックグラウンドとなったこと
・地方自治体についても、この法律を範として、実行を要求していること
・行政機関以外の立法・司法機関の文書移管についても道を拓いたこと

＜問題点＞

・延長・移管・廃棄の権限を、国立公文書館ではなく、行政機関の長、としたこと
・いわゆる「組織共用文書」の定義が、情報公開法と同一であり、どうしてそのような文書ができあがったかという、制作過程の文書や個人のメモが残らない可能性があること
・文書や記録を扱う専門家の必要性や育成の記述がなく、曖昧であること

しかし、とにもかくにも、二〇一一（平成二三）年四月に本法律は施行されました。ときあたかも、[※④]二〇一〇年は、外務省の安保条約や沖縄返還をめぐる一連の文書について、存在・不存在が大きく報じられ、その解決策も議論されました（55ｐ参照）。そこでは、国際的な公開標準である[※⑤]「三〇年公開原則」の再確認と徹底が謳われており、人員不足からともすれば後回しになりがちだった三〇年経年文書の公開のため、外務省内の意識改革や人員・体制の強化を含めて、公開審査を進展させる具体策を求めています。

それに基づき、二〇一一年には省内に、「外交記録公開推進委員会」が設置されました。

## 企業の動向―日本版SOX法

民間に目を移してみましょう。

二〇〇一（平成一三）年のエンロン、翌年のワールドコムと続いた米国企業の不祥事は、企業統治に大きな問題を投げかけました。二〇〇二年には、時のブッシュ大統領の署名のもと、法律制定に奔走した議員の名前を冠したサーベンス・オクスレー法（SOX法）が成立しました。

この法律の目的は、株式市場における投資家保護のために、企業会計や財務報告の透明性や正確性を高めることにあり、企業統治のあり方および監査制度を抜本的に改革するとともに企業経営者の責任と義務を強化し、あらたな罰則を設けているのが特徴です。

具体的には、企業の情報開示や米国証券取引法の遵守について、CEO（chief executive officer：最高経営責任者）やCFO（chief financial officer：最高財務責任者）が宣誓する、あるいは内部統制報告書の作成が義務付けられました。

一方、日本版SOX法といわれる金融商品取引法が、二〇〇八年度から実際に適用されました。これは日本においてもライブドア、カネボウ、西武鉄道など企業の不正な会計処理が相次いで発覚したことを背景に、投資家保護のために上場会社の責任を強化したもので、ディスクロージャーの強化、財務情報の正確性・公正性確保のための内部統制の構築を義務づけているものです。

## 内部統制とは

内部統制とは、内部規律とか内部管理体制というのとほぼ同じ意味であり、その中心はコンプライアンス（法令遵守）のための体制作りです。

この内部統制はまず記録管理、文書化を要求します。品質管理手法のＰＤＣＡ（plan-do-check-act）でいうところの「Ｃ」すなわちチェックが肝心といわれますが、これには業務過程におけるきちんとした「文書化」ができているかどうかが実行体制の分かれ目になります。

第一に規程類・マニュアルの作成はできているか、第二に作成される文書は管理・活用されているか。すなわち規制の手段となる文書と、その対象になる文書、この二通りの意味の文書化要求が厳しく求められています。

二〇〇九（平成二一）年三月期決算会社の内部統制報告書（全二六七二社）がこの年の六月に出されました。ほとんどが「有効である」という結論だったのですが、「重要な欠陥が存在する」と表明した企業が五六社ありました。

「重要な欠陥」とは、業務を遂行する上での社内ルールが不十分であるなど、管理体制が有効に機能せず、財務諸表に誤りが起きかねない状況をいいます。米国では、「マテリアル・ウィークネス」（重要な弱点）と表現され、米国の事例を参考に入念な準備を進めてきた結果とも取れますが、一方で、内部統制報告書を読んだだけでは、重要な欠陥が分かりにくく、企業ごとの状況が見えにくいとも言えます。米国のように判明した段階で開示するなどの対策が今後の課題と言えるでしょう。

Column

## 公文書館の「公」とは、本当は「皆」のもの

わが国にはいくつの文書館が設立されているのでしょうか。※⑥国立公文書館の関連リンクによると、自治体では都道府県立で三〇、政令指定都市で七、区市町村で二〇、となっています。「公文書館」と名乗っている館も多いのですが、「公」を付けずにただの「文書館」と名乗ったり、他では、「歴史資料館」「歴史館」「総合資料館」「公館県政資料館」「記録資料館」「地域研究史料館」「アーカイブズ」といった名称が付されています。

命名されている「公」という用語ですが、「公文書館」というとなにか敷居が高く感じるのは、筆者だけでしょうか。「公園」という場合に使う、みんながそこに行って遊んだり、語らったりするという意味での「公」であって欲しいと常日頃感じています。

文書は確かに、行政機関や議会、裁判所で多く作られるのでしょうが、民間企業や学園さらに地域住民の生きた記録も含めた「公」であって欲しいと思います。

一人の人間が確かにこの地球上に生きた証、個人の権利や義務を証拠づける証、これらを文書館が担っているという認識がいま求められているといっても過言ではないのです。

## アーカイブとは何か

### アーカイブ、未だ聞き慣れない言葉

「アーカイブ」――この言葉の意味・内容は、近年、徐々に知られるようになりましたが、やはり未だ聞き慣れない言葉の一つと言って良いでしょう。

現在では、小学校六年の外来語の意味を問う国語テストのなかに、「アーカイブ」の用語があるようですが、果たして小学生に正答が出せるのか、疑問です。

私たちが、「アーカイブ関連の組織で働いています」と言っても、多くの方には、そのイメージが湧かないようです。アーカイブというのは文書などを電子化する作業そのものだと思っていたり、あるいは、埃にまみれた館《やかた》をイメージしていたりもします。

### アーカイブはどのような定義か

アーカイブ（あるいはアーカイブズ）は、一般にどのように定義されているのでしょうか。まず、この世界の先進国、米国[※7]の辞書から見ていきましょう。

一、個人や家族あるいは組織が、私的あるいは公的に、自分たちの活動の結果として生み出したり受

け取られたりした資料。それらが持つ情報を永続的価値を持たせるために保存し、あるいは生み出した人の責任と機能の証拠として保存する。それらは出所の原則や原形維持の原則に則り、永年保存として収集管理される。

二、永続的価値のある記録につき責任を持って管理・維持する組織の部署

三、個人や家族や他の組織の記録を集める組織、すなわち収集アーカイブズ（35ｐ参照）をいう

四、収集したものを保存する専門の学問とそれを扱う組織

五、収集されたアーカイブズを収納するための建物（もしくはその一部）

六、学会誌特に定期的に刊行されるものの収集

次に、二〇〇八（平成二〇）年に開講した、学習院大学大学院アーカイブズ学専攻のホームページから[※⑧]見てみましょう。

アーカイブズ学は、過去の古文書から現代の電子情報に至るまで、人間が社会的・経済的・文化的活動の手段ならびに結果として生み出してきた、また現在も生み出し続けている様々な文書・記録等の情報を、さらなる創造的活動の資源として有効に活用することを目的とする情報資源学の一分野でもあります。行政や企業等の組織体が自らの記録を情報資源として保存・活用するためのシステムがアーカイブズ・システムであり、それを担う専門職がアーキビストです。近代的なアーカイブズ・シ

ステムは欧米では一八世紀以来の伝統を持つが、地球的規模で情報化が急速に進んでいる現代社会においては、民主的な情報社会を支える基盤システムとして、ほとんどの国や地域に浸透しています。またアーキビストは今や単なる古文書の管理人ではなく、現代的アーカイブズ・システムの構築と発展を担う高度情報専門職として世界各国で広く認知されています。

ここでは、アーカイブから一歩進んでアーカイブズ学およびアーキビスト（42p参照）の内容を紹介していますが、両者は、ほぼ同じ内容と言ってよいでしょう。

これらの定義では、アーカイブ（ズ）とは、個人や組織の活動の結果生みだされた資料を、いろいろな目的のために、情報資源として保存し活用する、ということが簡潔に述べられています。

**アーカイブは国家の権威の象徴だった**

近代社会における本格的なアーカイブ運動は、フランス革命後の文書館設立に始まるといわれますが、その淵源をたどるとそれは古代まで遡るように思われます。

たとえば、J．デリダ（一九三〇～二〇〇四）というフランスの思想家は、『Archive Fever』※⑨という書物のなかで大要次のようなことを言っています。

「アーカイブに近いとてもなじみ深い語に、ギリシア語のArkhē《アルケー》という言葉がある。この言葉から私達はすぐに「開始」と「命令」という二つの原理を思い浮かべる。Arkhēは明らかにこの原理を一つに統合するものである。つまり、物事がそこから始まる自然と歴史による原理、物理的であったり歴史的であったりする存在論の原理と、人間や神が命令を下すところ、権力が行使され社会秩序が保たれ、そこから秩序が整えられる、そういう場における法による原理、これらを一つに統一するのである」
「アーカイブという言葉の意味はただ一つで、もともと家、住居、住所、そして元首・執政官（archōn：アルコーン）の邸宅を表すギリシャ語のarkheionから来ている。このような政治力を持っていた人々が法律を作りそれを体現する権利を有すると考えられていた。彼らの公に認められた権力ゆえに公的文書が保存されたのは、彼らの家庭であり、まさに彼らの家という場所にである。このアルコンたちがまず第一の文書の管理者である。彼らは単に保管した物や原本という実体の物理的安全を保証するだけでなく、解釈する権利や能力を付与された」

古来、制度としてのアーカイブズは、権力の正当化のための手段にする、あるいは権力を正当化するものに奉仕する、という歴史的な本質を持っていたということが言われますが、デリダは、アーカイブとは物事が始まって法が作られ、権力が支配するという世の中の仕組みの根幹をなす概念だ、と言っているように思われます。

※⑩アルケーの同根には、執政官（アルコーン）という言葉もあり、近代語では、「昔の」と「支配」とが造語の成分になっているといいます。語例では、「古い」という意味では、アルカイック（古代の）、アルケチュプス（祖型）、アルヒーフ（古文書館）があり、「支配」という意味では、アナーキー（アルコンがいない無政府状態）、ヒエラルキー（神聖な、あるいは階層秩序）があります。

「はじまり」と「権力」という概念は象徴的ですが、さらに現代のアーカイブはどのように解釈されるのでしょうか。

### 人民の、人民による、人民のためのアーカイブ

本書冒頭に述べた公文書管理法の基となる、公文書管理のための有識者会議の報告では、次のように記されています。

民主主義の根幹は、国民が正確な情報に自由にアクセスし、それに基づき正確な判断を行い、主権を行使することにある。国の活動や歴史的事実の正確な記録である「公文書」は、この根幹を支える基本的インフラであり、過去・歴史から教訓を学ぶとともに、未来に生きる国民に対する説明責任を果たすために必要不可欠な国民の貴重な共有財産である。

ここでは、民主主義の基盤を支えるものとしての公文書、という考え方が明確に打ち出されています。世界的なアーカイブズ学者にオランダのケテラール（一九四四〜）という人がいますが、この考え方を、リンカーンの有名な言葉に擬して一九九二（平成四）年、「人民の、人民による、人民のためのアーカイブ」[※11]と表現しました。いまや、権力に奉仕するアーカイブから、国家が奉仕する、より広い社会の意思を反映するアーカイブという考え方に変化したのです。

## アーカイブかアーカイブズか

さて、ここまで本書では、用語として、「アーカイブ」と「アーカイブズ」の両方を使ってきましたが、使い方にどのような違いがあるのでしょうか。

わが国で、この分野で最初に設立された学会に、日本アーカイブズ学会があります。ここでは、「アーカイブズ」です。また冒頭の米国の辞書では、archives（also archive）と名詞として出ており、一方で、archiveは、動詞として紹介されています。ＮＨＫは、過去の自局の映像資源を、「ＮＨＫアーカイブス」と「ズ」を濁らずに命名しています。

文字通りアーカイブを単数で捉え、アーカイブズを複数で捉える考え方もあります。これは、オーストラリアの記録連続体理論（the records continuum）のなかで紹介されているものですが（*210*ｐ参照）、この場合は、前者が、ある一つの組織体のものを示す組織記録、後者は社会とかの集合と捉えて社会記録を指しています。

このように現代社会が複雑化し、電子記録の普及するのに伴って、さまざまな考え方、解釈をアーカイブ（ズ）に求めているようであり、今のところこれという解釈の決定打は無いようです。さらに理論と実践を積み重ねて、自分たちで意味を作り上げていく姿勢と気概が世界から求められています。

Column

## 記憶の女神

このことを永遠に「記憶」に留めたい、この忌まわしい「記憶」は一刻も早く捨て去りたい…。この一見捉えどころのない「記憶」という言葉。集合的記憶（collective memory）、という言い回しもよく目にしますが、自分たちの記憶によって、「あの時は楽しかった、未来に希望が持てた、あの時の災害の記憶が今に蘇った」などと個人や社会の幸不幸を確認したり、自身のルーツやアイデンティティーを実感する糧とするのではないでしょうか。

二〇一一（平成二三）年には、筑豊炭鉱を記録した山本作兵衛の絵画・日記が、ユネスコの「世界記憶遺産」にわが国ではじめて登録され、庶民の手になる記録が選ばれたことに加えて、「記録」ならぬ「記憶」という文字が日本中をかけめぐりました。

ギリシャ神話では、記憶の女神・ムネモシュネ（Mnemosyne）は、ゼウスとの間に九人の女神を生み、その女神達は後にミューズという総称で芸術や学問を司りました。ミュージアムの語源は、このミューズと言われます。

ミューズの分担領域とは、カリオペは叙事詩、クリオは歴史、エウテルペ‐器楽、タリア‐喜劇、メルポメネ‐悲劇、テルプシコレ‐舞踏、エラト‐恋愛詩、ポリュヒュムニア‐賛歌、ウラニア‐天文といった具合です。

古代においては、叙事詩も歴史も音楽的旋律に乗せて朗唱されるもので、言葉や身体で演じられ、あとにかたちを残さなかったといいます。

前述の「世界記憶遺産」は、歴史的文書などの重要な記録遺産を保全するために一九九七年にユネスコが創設したもので比較的新しい制度です。
記憶の女神によって育てられた社会が豊かな実りに満ちるために、世界のアーキビストが努力しています。

## 図書館、博物館とどう違うの

### 不思議な光景

筆者が経験した、ある不思議な光景を紹介します。それは、地元の習俗について調べるため、ある県立図書館を利用した折りのことです。係員の案内も借りて、目当ての資料を首尾良く探すことができました。しかし、なにかまだ物足りなく思っていたところに、市立博物館の標識が近くに出ていたことを思い出し、その博物館に向かいました。幸いなことに、ここでも調査の目的を達することができました。

しかしながら、同じ項目が、県立図書館と市立博物館にまたがって収納されているのは、利用者にとっては随分と不便な話です。隣接する二つの施設を、幹線道路が意図的に分断しているようにも思えました。この県では、県立文書館が別の都市にありますから、そこで調査をするにはさらにまた移動が必要です。

企業の世界では、製品や考え方が消費者に向いているのか、自分の会社自体に向いているのか、の二面を、マーケットイン（消費者指向）とプロダクトアウト（生産者指向）という考え方で表しますが、まさしくこれはプロダクトアウトそのものです。図書館、博物館は、それぞれ機能やフロアは違っても、一つの館で利用者に供することができれば、大いに便利になろうというものです。

では一体、これらの三館は、どういった機能を持っているのでしょうか（図表1－1）。

## 法の根拠

図書館の法的根拠としては、戦後まもない一九五〇（昭和二五）年制定の図書館法に準拠しており、このなかで、社会教育法に基づく社会教育施設の役割が与えられています。

一方、博物館の法的根拠は、一九五一年

| | 図書館 | 博物館 | 文書館 |
|---|---|---|---|
| 法律制定年 | 1950年 | 1951年 | 1987年 |
| 収集資料 | 書籍 | 文化財全般 | 歴史資料 |
| 資料<br>セレクト方法 | 司書がセレクトして購入、一部は寄贈による | 学芸員がセレクトして購入。寄贈・寄託や、発掘・製作により蓄積される資料も多い | 資料作成機関が一次的にセレクトしたものをアーキビストが選択して保管。購入代は基本的にない。 |
| 専門員 | 司書 | 学芸員 | アーキビスト |
| 資格取得 | 大学における単位認定。 | 大学における単位認定。<br>経験者には試験による認定制度もあり | 資格制度なし（関連学会で準備中） |
| トップ機関 | 国立国会図書館 | 特になし | 国立公文書館 |
| 全国館数 | 3,165（平成20年度） | 5,775（平成20年度） | 57（平成23年度） |
| 種類 | 公共図書館、学校図書館、大学図書館、専門図書館、国立国会図書館 | 1.博物館法による区分<br>①登録博物館 ②博物館相当施設 ③博物類似施設<br>2.資料の種類による分類<br>①総合博物館 ②人文系博物館 ③自然系博物館<br>3.設立主体(管理者)による分類<br>①国立 ②地方自治体(都道府県、市区町村)立 ③私立 | 国立公文書館、自治体公文書館（上記57に相当）、私立文書館（企業・学園アーカイブ） |
| 綱領 | 図書館員の倫理綱領 | 国際博物館会議（ICOM）<br>倫理綱領 | ICA アーキビスト倫理綱領 |
| 目録 | 日本十進分類法 | 館によりまちまち。CRM（概念参照モデル）、ICAの国際標準記録史料記述などを参考に標準化を模索中 | ISAD(G) |

**図表1-1：図書館、博物館、文書館の役割**

制定の博物館法であり、同じく、社会教育施設の役割があります。

文書館の法的根拠が成立するのは、二館よりもかなり遅く、一九八七年に公文書館法が制定され、そこでは、歴史的資料としての公文書の散逸を防止し、後世に引き継ぎ、利用を促進するため、と謳われています。一九九九年には、国立公文書館法が制定されました。

## 収集資料

図書館の収集資料は、「図書、記録その他必要な資料を収集し…」（図書館法、第二条）とあります。図書館では、よく郷土資料室やそのコーナーがありますが、文書館が独立して設置されていないところでは、郷土の「記録」などはここで収集され閲覧に供されます。

一方、博物館の収集資料は、「歴史、芸術、民俗、産業、自然科学等に関する資料を収集し…」（博物館法、第二条）とあります。ここでいう資料は、主にモノ資料です。よく、「資料」と「史料」の二つの用語が出てきて、私たちを混乱させますが、博物館の場合は、一般的には「資料」という用語を使い、「史料」という用語はあまり用いません。「史」は、「ふみ」＝歴史の書を表し、文字資料を意味するからなのだと思われます。

文書館はどうでしょう。前述の公文書館法などを見ると、「歴史資料として重要な公文書」という文言が散見されます。文書館では、このうち役所などで保存年限が切れ、お役御免になった文書（非現用文書）を主に収集しています（70ｐ参照）。

**専門員**

では、実際どんな人が、これらの仕事に従事しているのでしょうか。25pの図表1－1にもありますが、図書館には、司書という専門職がいて、

・図書の選定、購入、装備
・貸出・返却、本棚の整理
・新刊のレビュー作成
・本や調べものの相談等

の業務をこなしています。

一方、博物館に勤務する学芸員の仕事というと、

・自分の専門分野の調査研究
・（展示用というよりはむしろ）研究用としての資料を収集・保管
・直接的な市民サービスとして、講座を開設、観察会や実習などの普及行事、友の会の運営や支援、ミュージアムショップの経営
・常設展示と企画展示の企画・進行

などが挙げられます。

文書館の専門職は、後発のため現在のところ専門職としての呼称は定着していませんが、「アーキビスト」という用語が少しずつ人口に膾炙《かいしゃ》してきています。アーキビストの仕事の主なものは、

・古文書、公文書、行政資料等を体系的に収集・整理
・所蔵資料の利用や検索の便を図るための目録の作成
・歴史研究や文書等の収集・整理・保存・公開など文書館運営に関する研究
・各地に残されている古文書等の保存環境の適正化
などが挙げられます（43ｐ参照）。

**まとめると**

図書館というのは、おおよそ本がたくさんあって、そこに行けば読ませてくれて貸してくれる、司書という専門職のレファレンスサービスも受けられる。また彼らは、蔵書の選定を行っている、というところでしょうか。

博物館は、資料を収集保管し、学芸員という専門職が目録を作成し、常設展示や企画展示をマネジメントしている。

文書館は、歴史的資料といわれる文書類の収集保存や公開準備に日夜勤しんでいる。図書や考古資料と違って購入代が基本的には掛からない、ということも特徴かもしれません。図書館と文書館の共通点としては、文字資料を扱っているということ、さらに資料を手にとって閲覧利用が可能ということも挙げられます。博物館では、基本的には資料には触れられません。

文書館と博物館の共通点としては、オリジナルの資料を持っている、ということが挙げられます。

ところで筆者は、博物館員の会合に出席した折、ある学芸員から、「息子の友達から、君のお父さんは受付で切符を切る仕事をしているのか、と問われた」と苦笑していたのを思い出します。学芸員という仕事の内容が、まだまだ一般の人たちには正しく理解されていない、ということなのでしょうが、これはアーキビストとて例外ではないでしょう。

一方、世界の潮流は既に、これら三館を総合してMLA（Museum, Library, Archives）と呼んでいわば三位一体の概念で運営されており、彼我の理解の差を見せつけています。例えば、MLAを持っていないと本格的大学とはいえない、と欧米では言われており、わが国ではライブラリーはどこも持っているが、ミュージアムを持つ大学は非常に少なく、アーカイブズはもっと少ない、というのが現状です。三館と世の中との交流、さらには三館同士の有機的な交流がなされることを、社会は待ち望んでいます。

Column

## 芳賀町総合情報館のこと

二〇〇八（平成二〇）年一〇月三日、芳賀町総合情報館が落成し、全館がオープンとなりました。所在地は、栃木県芳賀郡芳賀町大字祖母井一〇七八番地です。

ホンダなど一〇〇余の企業が立地する芳賀工業団地の一角に、四年越しの計画の末、全国初の図書館・

博物館・文書館からなる複合館として開館しました。

ホームページの冒頭には、「知恵の環館」とあり、三館を一箇所に集めて「環」と表現したところにその意気込みを感じさせてくれます。案内ではさらに、「総合情報館は、町民と町が一体となって文化・地域・行政情報資源を収集活用し、社会の急速な変化に十分対応できる、新たな地域創造を図る新世紀芳賀町の生涯学習と文化活動の総合拠点とすることを理念として掲げました」とあります。

町民二万人余の町で、このような施設は羨ましいかぎりですが、利用者はどんな感想を抱くか、評判を早く聞きたいところです。

## 世界で起きていること

### ＩＳＯ１５４８９の制定

二一世紀に入った二〇〇一（平成一三）年、国際標準化機構によってＩＳＯ１５４８９が制定されました。これはＩＳＯ９０００シリーズ、１４０００シリーズのような認証系の標準ではありませんが、これらに対応する品質プロセスの枠組みを支援する記録管理に関するグローバルスタンダード指針が提供されています。さらに二〇〇五年には、これが日本語に翻訳されＪＩＳ Ｘ ０９０２-１として、日本の標準に定められました。

このなかで組織の記録管理に求められる要求として「業務の継続的遂行を支え、規制環境を順守し、必要な説明責任を提供するためには、組織は、必要な期間中、真正で信頼でき、利用できる記録を作成し、維持し、それらの記録の完全性を保護することが望ましい」[※12]とされ、業務の継続性、コンプライアンス（法令遵守）、アカウンタビリティー（挙証説明責任）、記録の真正性・信頼性・利用性・完全性・保存期間が重要な要素と述べられています。

良い記録の要件として、この標準が何を要求しているのかを以下に掲げてみます。

・真正性（Authenticity）：記録がまさに本物であるということ。それには、その記録が権限のある人によって作成され、送付されたものであること
・信頼性（Reliability）：記録が組織の業務や活動を正確に表しており信頼に足り、証拠となりうること
・完全性（Integrity）：記録が作られた後、変更されていないこと。また権限に基づかない変更から守られていること
・利用性（Usability）：記録の所在場所が分かり、記録を生み出した組織活動と一緒に提示可能なこと。業務処理そのものが記録によって理解可能なこと

記録の真正性・信頼性・完全性・利用性が示されることによって、単なる文書のファイリングに留まらず、記録の持つ特性が、どのように組織活動と絡むのかがこれらによって明確に定められたと言えます。

さらに、「文書」と「記録」についても以下のような定義がされています。

・文書（ドキュメント）：一つの単位として取り扱われる記録された情報、またはオブジェクト。
・記録（レコード）：法的な責任の履行、または業務処理における、証拠及び情報として、組織、または個人が作成、取得及び維持する情報。

簡単に言えば、記述された生のものは「文書」、文書にメタデータ（タイトル、概要、登録日、配布先、開示制限等々、118p参照）を追加して証拠や業務遂行などのために管理されるものが「記録」です。すべての記録は文書から成りますが、すべての文書が記録になるとは限りません。そして、「文書」の段階では修正・変更が可能のものが、「記録」の段階になると修正・変更してはいけないこととなります。もしも、「記録」を修正・変更すると、「記録」の改竄に相当し、時には犯罪となり、会社や組織を危機に陥れる原因にもなりかねません。

## トータル・アーカイブとは

最初のコラム（16p参照）で、「公園」の「公」について述べましたが、カナダでは、一九七〇年代からいち早く、この考えを推し進めて、「トータル・アーカイブ」という概念を提唱、今日では世界的に広く採用されています。

トータル・アーカイブとは、文書館の管轄範囲にあるすべてのアーカイブ資料、すなわち、

・政府の記録
・政府―市民（企業、大学等を含む）の交流に関する記録

・市民の記録
を受け入れることを指します。

すなわち単に政府の記録を保存するだけでなく、社会自身の営みの記録をどう保存するのか、という問題に果敢に挑戦しているのです。

具体的内容でいえば、手稿、地図、絵、写真、音声記録、映画、オーディオビジュアル資料やマシン・リーダブルな記録を含むあらゆる形態のアーカイブ資料、というものです。そのためにはライフサイクル全般（文書を作成後、時間の経過とともに使用頻度が減少して保管する、ゆくゆくは選別して、保存・廃棄の選択をする）を通して記録を効率的に管理するために、記録作成者とアーキビストがそのライフサイクルに関与する、さらには権限を有するアーカイブ機関が記録の作成段階から関与する、ことが求められます。

この論は、後述する組織アーカイブ（Institutional Archives）と収集アーカイブ（Collecting Archives）の考え方にも関係してきます（35ｐ参照）。

**電子記録のこと**

さらに、実物としての対象物にかかわるのではなく、コンピュータに残された記録のコントロールという課題、すなわち、「脱物理的保管」（post-custodial）という考え方がいまや世界の主流となっています。アーキビストは、記録の真正性、信頼性等の記録の特性をいかに見極め、保存や活用に供していくかが問われています。

脱物理的保管の時代の電子記録長期的保存について考える場合、インターパレスというプロジェクトの活動が参考になります。同プロジェクトのウェブサイト冒頭には、その目的が大要次のように記述されています。[※13]

「電子システムによって生まれる記録の真正性を永久に担保する国際的なリサーチは、デジタルフォームによって生み出されたり維持されたりする真正な記録を長期間保存するにあたっての不可欠な知識の開発を目指し、それによりそのような資料を長期間保存し、その資料の真正性を確信できる利用者の能力を確保する行動の基準や政策、戦略計画の基礎を提供していく」

また、ＩＣＡ（International Council on Archive：国際公文書館評議会）は、一九九七（平成九）年に、『アーカイブズの観点から見る電子記録管理ガイド』を刊行し、さらに二〇〇五年、[※14]『電子記録：アーキビストのためのワークブック』を出して有力な情報を提供しています。

Column

## 「レコード」の原義

私たちはともすれば、都合の悪いことを隠蔽したり、故意に改竄したり破棄したりしがちです。このようなことを黙認する風潮が、様々な不祥事の温床になっています。

レコード（record）という言葉を調べていくと、語源はラテン語で、"re"というのは何かを取り戻す、行って帰ってくるという意味であり、"cord"の部分はハート、すなわち心であるといわれます。「レコード」の本来の意味は、良心を取り戻す。さらに、レコーダーという言葉には、裁判官という意味もあり、良心に従って記録を残していく歴史の記録者がレコーダーである、とある弁護士から聞きました。

突き詰めれば、「レ・コード」とは、「心の記憶を呼び覚ます」「心に帰る」という意味があるのでしょう。ＩＳＯ１５４８９では、記録の要件として、真正性、信頼性、利用性、完全性を掲げています。良心に従って記録を残せば当然これら四つの性質が備わるというべきでしょう。

## 組織アーカイブと収集アーカイブの区分けを明確に

### 組織アーカイブと収集アーカイブ

アーカイブの定義は、例えば古くて大事な資料を収集して保管・活用することであるとか、あるいはそれらを所蔵・保存する館であるとかいうように、定着してきたように感じますが、組織アーカイブと収集アーカイブという区分については、まだ一般に定着していないようです。

これら二つの定義を、先程と同じく米国※⑮の辞書から見てみましょう。

・組織アーカイブ（Institutional Archives）：親機関によって作成ないし受領された記録を保管する場

・収集アーカイブ（Collecting Archives）：親機関ではなく個人、家族、組織から収集された資料を保管する場

前者は、まさに組織や制度から発生するアーカイブのことであり、機関や組織において系統的に収集する仕組みを整備することが第一に求められるでしょう。一方後者は、一旦機関から出て行ったもので巷にあるものを収集する場合を指します。それらを収集する人を、それぞれ機関アーキビスト（Institutional Archivist）、収集専門のアーキビスト（Collecting Archivist）といいます。

例えば、日本経済新聞をとっておられる方は、朝刊の文化欄で、このような収集アーカイブ（アーキビスト）がよく紹介されていることをご存知でしょう。そこでは、私は牛乳瓶の蓋の収集を何十年にも亘って行ってきましたとか、マッチ箱の絵柄を集めてきました、というような記事をよく目にします。

また例えば社史制作の折、ＯＢや現役の役員から、当時自分の携わった製品のカタログやチラシ、ＰＯＰなどを提供されることがあります。組織アーカイブがあれば、そこに当然寄贈・寄託されることになるのでしょうが、このような組織が無い場合は、個人で保管しておいて、社史の編纂の折りなどに、こんなものを保管していました、上手く使ってくださいと出されてくるケースが多いのです。

この例などは、組織アーカイブが無いがために、その組織に関わっている企業人の収集アーカイブがその代行をしている、という事例だと思われます。

大学などは、自校のアイデンティティーの検証・確認のためアーカイブが盛んですが、創設者や理事Ｏ

Bなど、さらに教員・学生の記録・手稿を収集し、自校史教育に役立てているようです（*182* p参照）。この例なども右の例と同様のものと考えることができます。

### 組織アーカイブの必要性

社史を専門に扱う古書店が都内に散見されますが、通常一冊数千円程度のものが、鉄道会社やカメラメーカー、鉱山会社の社史には数万円程度の値段が付いています。これらは、いわゆるマニアや業界の研究者による需要が高いためだと推測されます。当の会社にも残部僅少で研究者などに貸すこともできないという話もよく聞きます。収集アーキビストや研究者にとって組織アーカイブがしっかりしていれば、なにも古書店で高額な社史を求める必要はないと思います。

さて、組織アーカイブの最たるものといえば、二〇〇九年（平成二一年）六月に成立しました、いわゆる公文書管理法に基づく一連の組織作りでしょう。

これについては、本書*11* pで詳しく書きましたが、記録を管理する法律がないために、いままでは、省庁の大清掃の折りに、国立公文書館の専門官が、現場に行って貴重書類を拾う、ぎりぎりのところで救い出すという光景が続いていたようです。担当者は自分たちのことを、「ごみ拾い」と自嘲し、あるいは他から揶揄されていた、とも聞きます。

## 組織アーカイブを成功させるためには

では実際に組織アーカイブとは、どのようなものなのでしょうか。企業アーカイブを例にとって考えてみましょう。

例えば各部門で、現用、半現用の資料を管理して、その後にほとんど使われなくなったら、自社の資（史）料センターや社史編纂室へ預ける、というフローがまず考えられます。また、特にセンター機能を設けずに、各部門で、現用、半現用、非現用文書を管理する、という場合も考えられます。

いずれの場合でも、既存の文書管理規程が形骸化していることが考えられるので、新しい規程をつくっていかねばならないでしょう。

例えば、あるメーカーの資料室に取材した折りに、次のような話を伺いました。

「当社には、現用から非現用になる際、資料室に自動的に集まるような規定は基本的にはない。期末・年度末とか、部署の統廃合、工場閉鎖等の大きな変わり目の折りに、処分する前に一声かけてくれ、とお願いしている。部門長にも勿論流すが、全員にメールで流している。対象は、文書・モノ・設備等」

現在、多くの省庁、自治体、企業、団体で、組織アーカイブ構築の模索が続いているわけですが、組織アーカイブの要となるのは、自動的に資（史）料センターに入ってくる仕組みづくりと申せましょう。

別のあるメーカーでは、従業員教育用に立派な史料館ができていました。館の設立時には展示のための資料が、いろいろな部署やＯＢから集められましたが、それ以後はやはり定期的な収集がなされておらず、館が完成した時点であたかも時が止まったようだ、と話されたのが印象的でした。

先進的な事例では、一九九九年（平成一一）年に発足した日銀アーカイブが挙げられます。それまで各支店や部署に保存・廃棄が一任されていたものを改め、作成部署で一〇年以上保管された文書は、保管期間満了後に全て中央のアーカイブへ移管することを義務付けました。※⑯

## BCPとの関わり

BCP（Business Continuity Plan：事業継続計画）は、二〇〇一（平成一三）年のニューヨーク国際貿易センタービルが崩落した「九・一一事件」をきっかけにクローズアップされました。企業が被災した時、中核となる事業を中断することなく、仮に中断せざるを得ない場合も可能な限り迅速に再開することで、取引先や顧客の損失を保全する方策のことをいいます。具体的には、情報システムやデータベースのバックアップ、代替オフィスや要員の確保、迅速な安否確認体制などが盛り込まれています。現在のクラウドコンピュータの思想もこの流れと考えてよいでしょう。

さらに、二〇一一年の東日本大震災以降、重要データの「分散」の思想が広まり、本社機能を分散したり、設置が早い、移動が簡単という理由から、サーバをコンテナに予備として設けたり、仕事に必要な文書やデータを収納スペースに保管するといった対策が具体的に講じられています。

いわば人・もの・金・情報へのリスク回避が求められている訳ですが、この面からも組織アーカイブの必要性が認識されるべきでしょう。特に電子メールなどはいまや組織における情報の命綱といっても過言ではなく、メールデータ紛失による業務への影響や損害は計り知れません。先述のJ-SOX法はすべてのメールの保存を義務付けてはいません。しかし、電子メール運用における、監督、監視、抑制、追跡、検閲、証拠能力などの観点から、アーカイブを行う必要性があり、企業としてはすべてのメールを組織としてアーカイブすることが要求されています（203p参照）。

Column

## アナーキストと間違えられた、アーキビスト

二〇〇四（平成一六）年一一月、カナダの国立図書館公文書館館長のイアン・E・ウイルソン氏が、日本の国立公文書館の招きで来日し、「古い組織、新たなる好機―政府と社会におけるアーカイブズと情報管理―」という講演をされました。

その冒頭、大要次のようなことを言われました。

「ここにいるみなさんは、アーキビストやレコード・マネジャーが多いということですが、自分たちの仕事があまり広く理解されていない、ということに異論はないであろう。じつは、これはカナダも同じである。自分は、町会議員に、プロビンシャル・アナーキストという肩書きだと間違えられた。紹介者は、はじめからそわそわ落ち着きがない、変だなと思っていたのだが、いくらなんでも、公務としてのアナーキストというものがあるわけはない。当時はそんな認識であったのだ」

一〇〇人ほどいた会場内は爆笑の渦に包まれましたが、欧米はなべてわが国より一歩も二歩も先を走っ

ていると思っていたので、このエピソードに随分と驚きを感じたものでした。

ところで、カナダは、二〇〇四年に国立の図書館と公文書館を合体させて、冒頭の名称の国立図書館公文書館を発足させたことで有名です。さらに、この公文書館で二〇数年の実践を踏んで、トータル・アーカイブ理論（32ｐ参照）を主導し、今はアーカイブの学者となっている、テリー・クックなど世界のアーカイブの先導者として活躍するアーキビストを輩出しています。

## 専門職のアーキビストとは

### 設置要望の歴史

二〇〇九（平成二一）年、公文書管理法が成立しましたが、これは日本の文書管理の歴史、アーカイブにとってまさに画期的なことと言えるでしょう。

遡ること四〇年前の一九七一年、政府の機関として総理府（現・内閣府）の中に国立公文書館が設置されました。しかし、公文書館の運営などの法律すなわち「公文書館法」が作られたのは、その一六年後の一九八七年のことでした。目的や責務など七条ほどの簡単な内容に附則が付いているものですが、後年この附則が関係者を悩ませることになります。

その内容とは、地方公共団体が設置する公文書館には当分の間、専門職員を置かないことができる、というもので、見ようによっては「専門職を置くな」と読める条文です。

総理府の説明（一九八八年）によると、「本項は、現在、専門職員を養成する体制が整備されていないことなどにより、その確保が容易でないために設けられた特殊規程である」との説明がなされています。

一方、一九八八年、日本学術会議は、報告「公文書館専門職員養成体制の整備について」※⑰を提言し、引き続いて一九九一年、二〇〇二年、二〇〇三年と要望や対外報告を提出し、公文書館の拡充と公文書等の保存利用体制とそれを担う専門職員（アーキビスト）の養成体制の確立を要望してきています。

その後多くの公文書館ではいわゆる一般職員を専門職に充てることになり、その待遇や人数も不十分な状況になりました。以来、二二年の年月が流れましたが、今回の公文書管理法でも、専門職であるアーキビストを配置し運営するという条項の法文化は見送られました。

しかし、公文書管理法の議論の土台となった、公文書管理の在り方等に関する有識者会議最終報告（平成二〇年一一月四日）のなかでは、公文書管理担当機関及び各府省において、文書管理に関する専門家（レコード・マネージャー、アーキビスト等）を確保し、専門的・技術的視点から職員を支援する。そのためには、専門家に求められる資質や具体的な職務内容、養成方法について検討し、文書管理に関する研修を体系的に整備し、適切な役割分担の下で実施することにより、管理職を含めた職員の意識及びスキルの向上を図る、と明確な提言がなされています。

## アーキビストの仕事

ところで、専門職としてのアーキビストとはどういう仕事をする人のことをいうのでしょうか。アーキビストとは、いわば「アーカイブを司る記録管理人」であり、求められるスキルとしては、

・保存価値のある記録を特定すること
・残されている記録が真正であることを明確にすること
・真正な証拠としての記録がきちんと生成されるようにすること
・電子記録までも含めた記録を維持管理し、利用に供すること
・情報公開法や個人情報保護法など関連分野の専門知識に長けて、文書への対応ができること

といったことが挙げられます。機密情報も扱うわけですから、セキュリティ管理能力に長けていなければなりませんし、何より高い倫理観が求められます。

また歴史研究者というより、一市民として歴史を読み取る感性も必要でしょうし、現用文書にも目配りできて、記録を管理分析しうる能力も求められます。片手間の仕事というわけにはいかないのです。

ある県立文書館では、毎年一万箱程度集まる文書を四～五％にする（残す）作業をしています。行政資料課一三人で手わけして作業しているそうですが、これで手一杯で、史料編纂などに手がまわらない状態とのことでした。

参考までに、わが国の大学などで実践されてきた教育コースにつき一覧表にしてみました（図表1-2）。

わが国のアーキビスト教育は、今まさに緒についたばかりです。公文書管理法も今後改定が重ねられ、

専門職設置の項目が追加されることでしょう。欧米のように、自治体、団体、企業、学園に、アーキビストがきちんと配置される日が近い将来やってくるよう、現在さまざまな働きかけがなされています。

| 設置年 | 機　関 | コース |
|---|---|---|
| 1988年 | 国文学研究資料館アーカイブズ系 | アーカイブズ・カレッジ（史料管理学研修会） |
| 1992年 | 企業史料協議会 | ビジネスアーキビスト養成講座 |
| 1993年 | 神奈川大学 | 大学院歴史民俗資料学研究科 |
| 1994年 | 駿河台大学 | 知識情報学科（レコード・アーカイブズコース） |
| 1998年 | 国立公文書館 | 公文書館専門職員養成講座 |
| 1999年 | 駿河台大学 | 大学院文化情報学研究科 |
| 2000年 | 北海道大学文学研究科 | 公文書・文化財特別コース |
| 2000年 | 東京大学人文社会系研究科 | 文化資源学研究専攻 |
| 2000年 | 東京大学大学院情報学環・学際情報学府 | 文化・人間情報学コース |
| 2000年 | 静岡大学情報学部情報社会学科 | デジタルアーカイブ |
| 2003年 | 学習院大学大学院人文科学研究科 | 史料管理学 |
| 2004年 | 別府大学文学部史学科 | 文書館専門職（アーキビスト）養成課程 |
| 2004年 | 鶴見大学文学部 | ドキュメンテーション学科ライブラリーアーカイブコース |
| 2007年 | NPO 行政文書管理アカデミー | 1年制専門職大学院並み |
| 2008年 | 学習院大学大学院人文科学研究科 | アーカイブズ学専攻 |
| 2010年 | 東北大学大学院文学研究科 | アーキビスト養成コース |
| 2011年 | 九州大学大学院統合新領域学府 | ライブラリーサイエンス専攻 |
| 以下認定系 | | |
| 2001年 | 社団法人日本画像情報マネジメント協会（JIIMA） | 文書情報管理士 |
| 2009年 | 日本経営協会 | 第1回公文書管理検定、2010年7月に第3回 |
| 2011年 | 日本アーカイブズ学会 | 「アーキビスト資格認定制度」準備中 |

**図表1-2：アーキビストの養成制度一覧**

Column

## アーキビストの倫理観

組織や個人の貴重な資料を扱うアーキビストにとって、その資料を自分の研究に使いたい、知り合いの研究者などに提供したい、という誘惑に駆られることもあるでしょう。

どの職業にも、それに従事する人のあるべき姿、理想像というものがあるように、わが国でこれから市民権を得ようというアーキビストにも当然求められる倫理があります。

世界に目を向けると、一九八〇（昭和五五）年には、米国のアーキビスト協会であるSAA（Society of American Archivists）が初めての倫理綱領を制定し、一九九六（平成八）年には、ICAがアーキビストの倫理綱領を制定しています。これらのなかで、アーキビストの行うべき仕事や倫理的な約束事が決められており、冒頭のような「誘惑」を諫める条文も掲げられています。

例えば、アーキビストの在籍する会社の建築物が外部審議機関によって、保存の対象になりそうである、しかし会社の方は、保存建築物に指定されれば、今後再開発計画に支障が生じる、なによりその建物には暗い戦争の影がある、できれば避けたい。一方、アーキビストは予てより保存して欲しいと思っている、その貴重な設計図も手元にある、保存運動の団体からも誘われている、といった場合、彼はどのように行動すべきなのか。という設定などが現実問題として考えられると思います。判で押したような解答はすぐには出てこないように思われますがいかがでしょうか。

※① 一九九九年に成立した「国立公文書館法」では、「公文書」を以下のように定義し、現用文書は除外された。「この法律において『公文書等』とは、公文書その他の記録（国の機関において現用のものを除く。）をいう。」二〇〇九年に成立した「公文書等の管理に関する法律」では、現用文書である行政文書、法人文書と、非現用文書である特定歴史公文書を一括して、「公文書」と定義した。（72ｐコラム参照）

※② 一九三四年設立。United States National Archives and Records Administrations. 通称ＮＡＲＡという。

※③ 二〇〇二年一二月一七日付、日本経済新聞「文化往来」。学習院大学で行われたアーカイブのシンポジウムの紹介記事。

※④ http://www.mofa.go.jp/mofaj/gaiko/mitsuyaku/kekka.html

※⑤ ICAが一九六八年に行ったアーカイブ組織における保存資料の公開時期に関する決議・勧告。

※⑥ http://www.archives.go.jp/links/index.html

※⑦ a glossary of archival and records terminology. the Society of American Archivist. 2005.（訳は、朝日による。以下同）

※⑧ http://www.gakushuin.ac.jp/univ/g-hum/arch/02senkou.html

※⑨ Jacques Derrida. archive fever. the university of Chicago Press, 1996.

※⑩ 吉沢典男・石綿敏雄、『外来語の語源』、角川書店、一九七九年

※⑪ Eric Ketelaar. archives of the people, by the people, for the people. South Africa Archival Journal 34, 1992.

※⑫ 『情報及びドキュメンテーション―記録管理―第1部：総説』 ＪＩＳ Ｘ ０９０２-１：２００５

※⑬ 二〇〇六年には、学習院大学で開催された第二回アジア太平洋アーカイブズ学教育国際会議において、同プロジェクトの中心メンバー、ルチアナ・ドゥランチが講演している。『アーカイブズ学研究』（No.6, 二〇〇七年、日本アーカイブズ学会）参照。ホームページは以下。http://www.interpares.org/

※⑭ 国立公文書館により訳出されている。http://www.archives.go.jp/hourei/ICASTUDY16_ELECTRONIC_RECORDS_JPN.pdf

※⑮ 前掲※⑦

※⑯ 具体的には、作成部署での永久保管を廃止し、保管期間一〇年以上の文書のうちで、保管期間満了後の期間延長措置を作成

部署が希望しないものは、原則としてではなく、全量アーカイブに移管させ、作成部署での廃棄を認めない扱いにしている。

※⑰ 二、専門職員の資格の付与において、

「専門職員の資格は、大学卒業後、大学院修士課程またはそれに相当する教育課程を修了し、必要な単位を修得したものに対し、しかるべき機関が与えるものとすること。先進諸外国におけるアーキビスト資格付与の方法にはいくつかのタイプがあるが、わが国の実情からみて、国が統一的に定めた基準に従って、資格を付与する方法が適切であろう。」

http://www.scj.go.jp/ja/info/kohyo/11/13-09.pdf

**（URLの参照時期はすべて二〇一一年八月）**

# 第二章　アーカイブの大事さを知ろう

## 記録がなかったではすまされない――記録から見る日本の風土

### 記録をバカにしていると記録に泣く

組織の犯罪や不祥事が明るみに出そうになると、決まってパソコンや携帯電話のメールを消去する行為が報じられる昨今です。五、六年前に起こった日興コーディアルグループ（現・SMBC日興證券）の不正会計事件やライブドア事件などを思い出す読者も多いでしょう（74p参照）。二〇一〇（平成二二）年七月に、トップが逮捕に至った日本振興銀行でも同様の行動が指示されたといいます。ライブドア事件では、検察は本社ではなく、記録の保全・追求措置のためでしょうか、真っ先にサーバの置かれているビルが捜索されました。

犯罪や不祥事などに絡む証拠として電子文書が重要な鍵を握る昨今ですが、消したと思った文書が簡単に再現されたり、日付を改竄《かいざん》した手口が稚拙であったりとコンピュータ時代になって、「犯人」は新たな知識が要求されるようになっています（207pコラム参照）。

こと記録にまつわる組織の不祥事を挙げると、年金記録問題、無いと言って出てきた薬害エイズやC型肝炎関係の資料、防衛省の航海日誌改竄、老舗食品メーカーによる偽装問題、原子力発電所データ改竄事件、自動車やガス湯沸かしメーカーによる製品問題など枚挙に暇がありません。これらに共通していることは、

・文書保存期間の認識の欠如やマニュアルの無視
・トップに報告せずに、意図的に記録を破棄するなど処分する
・資料を後任の担当者に引き継いでいなかった
・賞味期限や製造日を改竄したり、そもそも製造記録や出荷記録が無い
・事故情報を蓄積し、分析する体制の未構築
・セキュリティ体制が甘く、簡単に漏洩する

といった点で、杜撰な記録管理と隠蔽体質に象徴される、[※①]わが国の組織問題の一端が見て取れます。

わが国の企業は、品質や環境のグローバル標準であるＩＳＯ９０００・１４０００シリーズ、あるいは情報セキュリティの標準２７０００シリーズなどで文書化の要求につき、対応に慣れているはずなのですが、器作って魂入れず、という状況になっているようです。

**製造物責任法のこと、消費生活用製品安全法のこと**

[※②]製造物責任法（ＰＬ法：product liability law）は、製造物に欠陥があり、それが身体・生命・財産に損害をひき起こしたことを消費者が証明すれば損害賠償を請求できる、という法律で、欧米の動向を受けて、一九九五（平成七）年に施行された比較的新しい法律です。

訴えられた場合、適切に作成された文書があれば、自社製品に欠陥がないことや、さらには製品の安全性を追究したことを示す証拠になり得るものです。また逆に、設計図等の重要な文書が数年で廃棄されて

存在しないなどという場合には、そのことが当該企業の安全性追求や品質管理の杜撰さを示す格好の材料になってしまいます。

筆者は、ＰＬ法がらみで個人に訴えられたある包装材メーカーを取材したことがありますが、整然とした証拠書類を見せられ、それがすぐさま出てきたときに、さすが裁判で勝訴しただけのことはあると感心した思い出があります。

消費生活用製品安全法※③という法律があります。こちらは一九七四（昭和四九）年に施行されたもので、一般消費者の生活の用に供される製品について定めたものです。昨今、ガス湯沸かし器や石油暖房機など生活に身近な製品事故が相次いだため、二〇〇七年には、死亡や一酸化炭素中毒などの重大事故について、主務官庁への報告を義務付けた改正消費生活用製品安全法が施行されました。

ＰＬ法はあくまで民事上の賠償ルールであり、製品を引き渡してから一〇年間で時効となるのに対して、改正されたこの法律は除斥期間がなく、製品が存在する限り対応義務がある、という厳しいものです。二〇年前だろうと三〇年前だろうと、当該企業のブランドが付いている以上は、責任をもって事故を報告して回収したり整理したりする、という内容でＰＬ法の上を行くといわれています。

さらに、二〇〇七年に改正施行された消費者契約法では、不実の告知などで事業者との間で争いになった場合、契約の取り消しや無効措置のため、主に消費者団体※④が一人一人の被害者、消費者に代わって訴訟ができるようになりました。個人では金額の面などで泣き寝入りすることが多かった案件が、消費者に有利に働くようになっています。

## 国際訴訟のこと

企業のグローバル化に伴い、国際的な訴訟に巻き込まれることも多くなりました。

商習慣や法令が異なる国での事業はリスクがつきものです。海外で訴訟が起こった場合、その後もその国でビジネスを展開していくためには、現地の訴訟制度に従わざるを得ません。一方海外での訴訟に不慣れな日本企業は、想定外の弱点を突かれるかたちで窮地に陥るケースが多いのが実情です。

ここ一〇年の事例を取ってみても、ブリヂストンの子会社であるファイアーストーン社とフォード社のタイヤ事故訴訟、昭和電工が販売した健康食品L-トリプトファンが原因となった傷害事件、米国のパソコン利用者と東芝とのフロッピーディスク装置を巡る訴訟などが挙げられますが、不合理、不当な判決であるとしても裁判の長期化によるコストの増大や企業イメージに傷がつくのを恐れて、何千億円とも言われる巨額の和解金を選択して決着するケースが多いのが特徴です。これは、決定的な反証材料、つまり証拠が出せないことも一因と言われています。[※⑤]

米国での独特の制度に、ディスカバリー制度というものがあります。これは、実際の裁判が始まる前に、裁判所が介入することなく相手側から争点に関する必要な関連書類の提出を求めることができ、相手はそれに応じて開示し、そこから自己に有利な証拠を見つけ出すことによって裁判を有利に導くというものです。近年は、電子メールなどのデジタルデータを対象にした制度をeディスカバリーと呼んでいます。

訴訟に対する対策としては、

・管理に関する社内教育

・作成時点から文書管理を意識
・文書管理規程（特に機密レベルや使用目的に応じて区分。文書の利用者の制限。保存方法や保存期間の設定等）
・メタデータの作成

等が重要事項として挙げられますが、要は相手方代理人に見られても問題がないように記録しなくてはならないということで、これは先発明主義（60ｐ参照）も絡んでくる特許などの知的財産権でも同様のことが言えます。

## わが国の動き

わが国では、改正民事訴訟法が一九九八（平成一〇）年に施行されました。企業等が所持する文書について、従来の裁判においては提出義務の無かったものが、改正後はその義務が課されたのです。さらに二〇〇四年には、証拠となる文書の提出を提訴前に相手方に求めることができるように改正されました。大組織と個人で争われるケースでは、どうしても証拠が大きい方に偏りがちであるのに対し、弱い立場の方も有利に戦える可能性も秘めるものとして注目されています。ただし、照会されたとしても、ディスカバリー制度と違って、社内文書など※⑥の自己使用文書については答えなくとも制裁は課されないことが現在の課題となっています。

ともあれ、実際に訴訟を起こされる前から、日常的に電子データの所在や保管状況について把握しておく備えがいま求められています。「あるはずの情報がどこにあるか分からない」「電子メールが一切保管されていない」といった弁明は訴訟で不利になります。これは日本版ＳＯＸ法（Ｊ-ＳＯＸ法）など、ほかの法令への対応にも通じます。

## 記録を消し去れない仕組みづくり

沖縄返還の日米交渉を巡るなかで密約があった、ということを外務省の元高官が、二〇〇九（平成二一）年に証言して話題になりました。毎日新聞の記者が一九七一（昭和四六）年にこの密約をスクープしましたが、情報の入手方法が違法だと裁判にかけられ、肝心の疑惑は曖昧のまま、一九七八年に最高裁で記者に対する有罪判決が確定しました。

一九六〇年の安保改定時に、核持ち込みの密約があり、署名入り文書は捨てられたのではないかと報道されました。ただし核持ち込みを黙認したとされる「討論記録」の草案と、朝鮮半島有事に際した米軍の作戦行動に関する議事録の二種類の文書は、約三七〇〇冊のファイルの中から発見されたといいます。いずれの事例[※⑦]も、米国で関連の文書が公開されており、「密約」疑惑だらけの外務省は四面楚歌の様相を呈しました。

二〇〇一年の情報公開法施行の折り、各省庁が直前に書類を何トン捨てたかという問い合わせを、あるＮＰＯがこの法に基づき行いました。結果は、外務省が、一九九九年と二〇〇〇年に、それぞれ一〇三三トン、一二八三トンを捨てており、他省庁の数字を大きく引き離していることが判明しました。残った書類のなかに上記のものがあったということでしょうか。

「公文書管理法」では文書の廃棄に関しては、最終的に総理大臣の承認が必要、と定められましたが、罰則の規定までは踏み込まれませんでした。

米国では、国立公文書館長の承認を経ない文書廃棄は、その当事者に対して、二〇〇〇ドル以下の罰金か三年以下の禁錮、あるいはその両方と定められています。またわが国でも内部統制に絡むJ-SOX法では、罰則規定が定められています。

公文書管理法は冒頭、公文書は「健全な民主主義の根幹を支える国民共有の知的資源」であると謳っています。罰則があるから残す、政権が代わったから発見される、ということでは国際社会に顔向けができないと言って良いでしょう。

記録を消し去ることのできない仕組み作りが、今後の課題と思われます。

Column

## 一人の若者の死とアーカイブ

二〇一〇（平成二二）年五月、パロマ工業製ガス湯沸かし器による一酸化炭素（CO）中毒事故の判決公判が東京地裁で開かれ、元社長らに有罪判決が下されました。

同社製の湯沸かし器をめぐっては安全装置の不具合で点火不良が多発、修理業者の不正改造で一九八五年～二〇〇一年の一六年間にわたり一三件、計一五人が中毒死した、というもので、その責任が問われていたものです。

この判決に先立つこと三年前の二〇〇七年七月、この事件で息子さんを亡くした父親が、会社に対して、

・事故を風化させないために資料室を設置すること
・過去に発行されていなかった社史を編纂すること
・全従業員に、第三者委員会の調査報告書を読めるようにすること

の三点を求めて合意に至っています。七か月にわたる交渉で、金額についての話し合いはたったの五分だったと言うなか、このまま事故を風化させて雲散霧消させてしまうのではなく、事故の記録と記憶を留めようとしたお父さんの気持ちが察せられます。

同社ウェブサイトでは、「安全資料室の設置」として、「…名古屋研修センター内に、安全資料室を設置しています。ここでは半密閉式湯沸器事故に関する資料展示コーナーや、湯沸器からコンロ・炊飯器に至るまで、パロマが培ってきた安心・安全の技術を歴代の商品と共に振り返ることが出来ます。また、社員の製品安全に関わる研修施設として、研修センターと共に活用しています」と紹介されています。

二〇〇九年には消費者庁が発足するなど安全態勢の整備が進められていますが、一人の若者の死と父親の運動を通じて、アーカイブを設置することになった会社の変身に社会が注目しています。

# アーカイブは利益を生む

## アーカイブは活用される

「アーカイブは利益を生む」と中国※⑧のアーキビストから聞き、新鮮な感動を覚えたことがあります。使われてナンボ、の世界から、さらに一歩突っ込んで、アーカイブには元々お金が宿っている、という発想は新鮮です。

企業などの営利団体の場合、業績に直接寄与しないアーカイブへの投資が難しいのは確かでしょうから、この言葉は、私達に勇気を与えてくれるものです。

では、アーカイブはどのようなシーンで使われるのでしょうか。ここでは一例として企業アーカイブの最近の事例から紹介してみましょう（75ｐで詳説）。

・経営管理強化のため
・ＰＬ法対応
・知的財産権等
・社史の共有化、教育
・新製品開発のためのヒント
・ＩＲなど広報のツール

・ＩＳＯ対応、ＣＳＲ実行のツール
・ホワイトカラーの生産性向上
・「技」の伝承のツール
・企業は社会の公器、という観点から説明責任を果たす

一つひとつが、どれだけ利益を生み出したかという数量を求めるのは難しいのですが、それでも例えば、「新製品開発のためのヒント」では、過去の忘れられた工法を武器に年商を一気に四倍に上げた建設会社があります（63ｐ参照）。「ホワイトカラーの生産性向上」では、一人の社員が書類探しに一時間費やしたとして、一万人の社員がいたら、そのロスたるや、金額に換算したら膨大なものになるでしょう。その時間の短縮を図ることができれば、大きなメリットがあります。

例えば「知的財産権」については次のような事例があります。

## 知財は宝の山

プロセス・イノベーションとプロダクト・イノベーションの二つの概念があります。

日本の製造業は、従来、工程（プロセス）管理の改善、いわゆるプロセス・イノベーションで競争力を誇ってきましたが、今後は、高付加価値のオリジナル製品を生み出す、いわゆるプロダクト・イノベーションの時代に突入していると言われます。

ゼロから基礎研究を行うよりも、過去の技術を組み合わせて新しい商品開発を行い、付加価値の高い創

造的な製品開発に力を注いだ方が得策、と企業は判断しているのです。※⑨休眠特許や大学の研究成果を特許化するなど、埋もれた技術の発掘と再利用が注目されています。二〇〇四（平成一六）年からは、長らく不備が指摘されていた信託業法が改正され、特許権などの知財権の信託業務が許可されました。さらに、二〇〇五年には、知的財産高等裁判所が設置され、知財の重要さがますます高まっています。

　休眠特許を使って「※⑩美肌ゼリー」を開発し高収益をあげた元証券マンの活動はよく知られるところです。特許を分析すれば、その企業が何について研究し、数年後どのような方向に進もうとしているかが、見えてくるといいます。

　特許はもっているだけでは、何も生み出しません。大切なのは特許を横展開させていくこと、これまで使われていない分野に応用して、世の中に出すことであり、それによって新たな価値と利益を生み出します。

「ラボノート」も同じ考え方と思われます。これは、研究過程を精緻に記録するためのノートのことで、日時を明記し、研究の進捗を証明するサインを記入してもらうことにより、発明がいつ行われたかを明確にするものです。米国のように、先発明主義の国では、発明の日時を証明できるかどうかが、特許取得に関する紛争で重要視されるためです。国際特許が一般化されている今日では、先願主義を取っている日本の研究者にとっても、「ラボノート」の重要性が高まってきています。さらに、知財に関する社内文書としても有効でしょう。

　経済産業省では、二〇〇四年に「知的財産情報開示指針」を作成し、知的財産の戦略的活用を推進することを表明しました。知的財産報告書を年次報告書と共に定期的・継続的に発行することや、インターネットを通じてこの報告書を広く一般に利用しやすく提供すること、報告書を基礎として知的財産に焦点を当てた投資家向けの説明会を経営者が定期的に開催することが期待され、一部では実施に移されています。

次は、「新製品開発のためのヒント」の一例を紹介します。

## 新製品創出とアーカイブ

「痛くない注射針」を開発した岡野雅行さんという工場経営者がいます。氏はこんなことを言っています。※⑪

愛煙家の方はよくご存知だと思いますが、かつてステンレス製の小型ライターがありました。これが、プラスチック製の一〇〇円ライターに駆逐されて久しいのですが、ボディーのステンレスを加工するのに、「深絞り」という技術が使われていました。製品が売れなくなれば、当然これに使われた金型（テンプレート）も必要なくなるのですが、氏のお父さんが、「技術には流行り廃りがあるので、その金型も捨てないでとっておけ」と言われたそうです。

後年、携帯電話搭載のリチウムイオン電池のケースにステンレスが使われ、深絞りの技術が今度はここで蘇りました。古い技術はいつ必要になるか分からない、という好例と言えましょう。

わが国には一〇〇年以上にもわたる水力発電の歴史がありますが、特に第二次大戦後の高度経済成長下、急速に増大する電力需要をみたすためにダムと発電所が全国で建設されました。現在では、火力・原子力発電が主体となっていますが、目を世界に転じると、発展途上国を中心に、日本の水力発電のノウハウが

※⑫参考になるといわれます。ひと時代前のこれらの立ち上げの映像をデジタル化、データベース化する必要が出てきています。

MOT（Management of Technology）という言葉があります。これは、研究開発から製品化・製造というプロセスと、マーケティング、資金調達、人材育成などのノウハウを組み合わせるものですが、特に特許戦略や他企業との協働などのシーンで強みを発揮すると言われます。これらの戦略項目に「技術の蓄積」という要素を加えれば、新製品創出が格段に進むと筆者は常日頃思っています。まさにアーカイブは利益を生むのですから。

さらにもう一つの事例を紹介しましょう。

## 「粗朶沈床《そだちんしょう》」という工法

里山などの雑木林から、間伐や剪定で切り出される枝のことを粗朶《そだ》と呼びます。粗朶沈床とは、栗、楢、樫、クヌギ等の堅固で靭性に富んだ樹木の粗朶を束ねた一〇メートル四方の箱状の構造物で、粗朶の間に石を詰め河床に沈め川の流れをコントロールするものです。この工法は、明治の初期にオランダ人技師により伝えられました。柔軟性に富んでいるため、河床の変化に馴染みやすく、淀川・木曽川・利根川・信濃川・九頭竜川などの河川工事に採用されました。

昭和四〇年代、コンクリートの普及に伴い、粗朶は、使われなくなっていましたが、信濃川と阿賀野川という代表的な二つの緩流が粗朶を用いた治水法に適していたため、全国でも新潟県の職人だけが技法を継承して来ました。粗朶沈床は砂浜海岸の浸食防止に施工されている離岸堤の基礎や防波堤の基礎にも採用されています。また適度に隙間があり、流速の変化も大きいため、小魚類や底生動物などの生息空間をつくりだす効果があります。生態系の回復にも役立ち、水に親しみ触れあえる川、また自然にやさしい川、美しい自然景観をつくるには格好です。

一九九七（平成九）年の河川法改正で粗朶の価値は、さらに見直されました。新しい河川法には、それまで「治水・利水」とされてきた整備目的に「環境整備・保全」が加わり、粗朶沈床工法の復活に拍車をかけました。川に沈められた粗朶は魚の産卵場所や餌場を提供し、雑木林は粗朶を切り出されるおかげで常に若々しく保たれる。いわば、里山と川の共生、ｗｉｎ‐ｗｉｎの関係が築かれているのです。

新潟新発田市の建設会社は、先祖代々受け継いできたこの工法を武器に年商を一気に四倍に上げました。技術資料の有効活用、格好の事例といえましょう。

次に、企業は社会の公器、という観点から、残っている文書や技術、建築物・景観などを現在および次代へ継承するため、の一例を紹介します。

## 観光資源は大きなアーカイブ資産

地方の衰退が言われて久しく、自治体の首長はそれぞれの秘策が胸にあるようです。旅行の折り、地方都市の駅前で食堂を探すのに一苦労した経験が読者の皆さんにもあるかと思います。

ここではかつてＮＨＫの朝の連続ドラマ『おしん』のロケで有名になった、山居倉庫の例を取り上げてみます。

山居倉庫とは、一八九三（明治二六）年に酒田米穀取引所の付属倉庫として旧庄内藩酒井家により建設され、現在は、ＪＡ全農庄内が運用しています。残っている一二棟の内、酒田市が二〇〇四（平成一六）年に二棟を買い取り、うち一棟を「庄内米歴史資料館」、もう一棟を「酒田市観光物産館　酒田夢の倶楽」として一般公開しています。

土蔵造りの屋根は二重構造で、内部は湿気を防止する構造になっており、蔵の背後を囲むケヤキの大木は日よけや風よけの役目を果たすことで、自然を利用した低温管理が行われており、木造建築と周りの環境のコラボレーションの粋を見る思いがします。現在、ここは、酒田の観光の中心地として連日多くの観光客でにぎわっています。

新潟県村上市の和菓子店では、大正から昭和初期の外観に戻し、売上復活につなげたという事例も聞きます。

二〇〇八年一〇月に、国土交通省の外局として観光庁設置が設置されたことは記憶に新しいところです。さらに同年一二月には、「地域活性学会」が設立されました。従来の大学間や地域内での産学連携では地方の衰退に歯止めがかからないことから発足したものです。

ホームページの「ごあいさつ」に曰く、「…企業においても、ＮＰＯにおいても、大学においても、経営構想力が求められています。しかも、民、学、産、公の協力による問題解決も重要性を増しています。…」

「経営構想力」の一つに、未来と過去をどこまで読み込んでいるかという、時間的射程の軸が挙げられます。一向に歯止めのかからない地方の衰退に、アーカイブ利用は、経営構想力を発揮する、格別の手段となるでしょう。

Column

## ビキニ環礁が世界遺産に

二〇一〇（平成二二）年七月、太平洋・マーシャル諸島の「ビキニ環礁」が、ユネスコから世界遺産に登録されました。ユネスコはこの環礁が「核実験の威力を伝える上で極めて重要な証拠」であり、「人類が核の時代に入った象徴だ」として決定理由を説明しています。

これは、一九九六年の広島の原爆ドームに続く核兵器の被害を後世に伝える「負の遺産」の世界遺産登録となりました。ナチス・ドイツがユダヤ人大量殺害を行ったアウシュビッツ強制収容所や、かつての奴隷貿易の拠点、セネガルのゴレ島なども「負」の世界遺産となっています。

ビキニ環礁で被爆した「第五福竜丸」関係者からは、戸惑いの声もあるようです。世界の核問題は解決されていないのに、「遺産」とされてしまうと、「過去の話」にされているようで違和感を感じる、という声もありました。

アメリカ国立公文書館前の入り口の台座に、

"The heritage of the past is the seed that brings forth the harvest of the future."（過去の遺産は、将来の実りをもたらす種子である）とあるのは有名です。「遺産」というと後ろ向きなイメージを持ちがちですが、今回の登録は、核兵器の廃絶、という将来の実りを確かにもたらしてくれる、そんな願いが込められているのかもしれません。

## いま、なぜアーカイブが必要か―自治体の場合

### 情報公開法

自治体のアーカイブの必要性を論じる前に、まずは、多くの自治体が採用している情報公開制度について述べてみます。

この制度については、国よりも地方自治体が先行しています。国の行政文書に関わる情報公開法（行政機関の保有する情報の公開に関する法律、一九九九年公布）に先立つこと二〇年ほど前、一九八二（昭和五七）年に山形県金山町が、翌一九八三年には神奈川県と埼玉県が情報公開手続きに関する条例を定めました。現在では、すべての都道府県、ほぼすべての市区町村で情報公開条例を定めています。

従来、自治体行政は「原則非公開」で運営されていたのですが、この条例によって、行政情報は市民の

共有財産であり「原則公開」されるべきことが確認されたのです。わが国自治体の行政運営に政策転換をもたらした、と言われる所以です。

一方、情報公開法により、文書保存を的確に実施する趣旨から永年保存の措置が無くなり、文書は三〇年保存が原則になりました。年限がきたら原課あるいは書庫で保存できなくなり、廃棄か移管の措置がとられることになりました。また公開する文書の範囲を、決裁または供覧済み文書から、「組織共用文書」※⑬までを対象とすることになりました。これに伴い、地方自治体の条例も、見直しが図られることになったのです。

さらに、二〇〇九（平成二一）年に成立した、公文書管理法により、現用文書から非現用文書までを通観する制度が決められ、それに地方自治体も合わせるよう努力せよ、という条項が加わりました（第三四条）。

公文書管理法は、「公文書を残すことは、現在及び将来に対する説明責任」、と明記していますが、次にこのことを少し考えてみましょう。

**将来に対する説明責任**

沖縄・普天間基地の移転問題が民主党の新政権下で議論・審議されましたが、紆余曲折の末、二〇一〇（平成二二）年五月、日米間で移設先を辺野古とする日米共同宣言がなされました。

そもそも、沖縄の基地問題とは、沖縄の人たちにとって、そしてわが国にとってどのような意味を持つのでしょうか。この淵源をたどる際に、私たちは第二次世界大戦末期の沖縄戦と、その後の米国による占領政策から説き起こさねばなりません。

二〇一一年で、沖縄戦終了から六六年が経ちますが、戦後生まれの団塊の世代が第一線から退き始めて、日本の社会に戦争の記憶が加速度的に薄れてきています。

一方、私たちは、まだ生まれていない子孫に、なぜ日常生活の場の隣に、巨大な飛行場があるのか、その経緯は何なのかを説明する義務があります。※⑭
米国では、沖縄戦の資料や、その後の占領統治に関する資料は、国立公文書館に揃っています。自らの活動の足跡を自らが残そうという米国の意識の高さが伺えますが、わが国では納税によって賄われる「行政」という仕組みから発生する記録が、国民共有の財産である、という意識が今まで希薄でした。そのため、非現用資料とは、「収集するもの」という認識であり、アーカイブに「移管されるべきもの」という意識が定着しませんでした。その結果、求めるべき記録が日本にはなくアメリカにあるという情けない状況が続いてきたのです。公文書管理法のバックボーンをなすものは、まさに「将来の国民に対する説明責任」にあります。

さて、それでは、今までの自治体のアーカイブはどのようなものだったのでしょうか。

## 自治体史の編纂

自治体が過去を振り返り、記録を残す場合に、「県史」や「市町村史」を編纂します。その過程で多くの資料が編纂室に収集されます。ある資料は、自治体の倉庫に保管されていたり、職員個人の保存になっていたり、名望家の家に保管されていたりします。これらの多くは編纂の過程では威力を発揮しますが、多くの場合編纂を終えてしまうと、また段ボール箱に入れられて倉庫の隅に追いやられる状況が続いてきました。

現在の自治体で資料収集施設に残されている行政文書の多くは、このような編纂過程で、心ある職員の手で保存の手当てがなされたものです。折角、自治体史で集めた資料なのだから、この際、それらを体系立てて保管し、さらに今後も発生する、使用済みになった非現用の文書も受け入れる文書館を作ろう、という運動に発展しました。

## なぜ自治体にアーカイブが必要か

さて、ここでなぜ、自治体にアーカイブが必要か、の本題に戻ってみましょう。

将来の住民に対する説明責任、という目的以外にどのようなことが考えられるでしょうか。

たとえば大阪市は、公文書管理条例を二〇〇六（平成一八）年に施行しましたが、その発端となったのは、第三セクターの破綻に際して、なぜそのような甘い計画が決定されたのか、という検討過程で肝心の文書が残されていなかった、あるいは別の件では、超過勤務手当に関わる不適正処理の調査時に超過勤務命令簿が捨てられていた、ということから文書の保存問題がにわかにクローズアップされたということです。

議会の要求や市内部の調査に際して、説明ができなかった。このことから、情報公開の積極的推進のためには職員の文書管理に対する意識向上が必要となったのです。自治体全体の政策の検証において、アーカイブは大事な役目を果たします。記録に向き合うことが無ければ、今日の困難、巨額の財政赤字がどうして出たのか、これが解明されない限り未来に向かって確かなことは言えないはずです。

職員の側に立って考えてみると、自治体では、その部署に同じ職員が永らく留まるということはありません。せいぜい二～三年の在任のなかで前任から文書等を引き継ぐ過程で、非現用になった文書を調べることが出てきます。例えば、過去の事業と類似した企画が実行されるときに、その類例を調べる場合が出てくると考えられます。そうなったときに頼るべきは、残された文書、記録です。

一方、収蔵されている文書のうち、地域住民がもっとも閲覧したいものは、実は自らの権利に関する文書と言われます。例えば、土地の争いのため、公文書を調べに来るケースはよくある事例です。

地域の歴史文化資源の保存・活用としての役割も忘れることはできません。これは、恒常的には、地域の歴史資料館・博物館での収集・展示によって担われてきましたが、内容は主としてモノが中心であり、また地域の名望家の文書《もんじょ》であったりして、残念ながら行政の資料が収集されることは多くはありませんでした。

また、周年を機に編まれる自治体史では、資料がその記述のために使われることはあっても、編纂室解散後は、前述のようにまた段ボールに入れてしまわれるケースが多いのが実情で、およそ活用には程遠い状態でした。

自治体は、個人情報の集合といっても過言ではありません。宇治市の住民基本台帳の個人情報の流出はまだ記憶に新しいところですが、これらの保存とセキュリティ確保に、アーカイブの構築は喫緊の課題と言えましょう。その上に立って何を住民に公開するか、何を公開してはいけないのかのシステム作りがなされるべきと思われます。

さらに、平成の大合併と言われた市町村合併との関係でいうと、合併前の事業・プロジェクトの資料を、合併後の自治体運営に役立てるという目的が挙げられます。例えば合併前の当町にはこういう歴史がある、それは主に年史に書いてあるかもしれませんが、その町のトータルの記録を引き継いでゆく、それによって合併後も存在感を示せる、ひいては政策の主導権を取ることができる、ということです。

最後に、なぜ、自治体にアーカイブが必要かをまとめてみましょう。

一、情報公開条例の前提、あるいはそのバックグラウンドとなる、公文書の管理のため
二、未来の住民に対する説明責任のため
三、政策実施のために—議会からの要求に対応、職員の政策立案に対応
四、住民参加、協働のため
五、地域住民への支援、地域起こし、地域コミュニティの再活性化のため
六、地域の歴史文化資源としての要求に対応
七、住民の権利や個人情報の保護としての要求に対応
八、図書館、博物館への情報の入り口、架け橋としての要求に対応

これらからアーカイブ構築の目的としては、

一、外部への対応、特に現在と未来の住民への説明責任を果たすため
二、内部への対応、政策実施の参考資料として役立てるため
三、地域の歴史的文化資源として役立てるため
の三点が挙げられるでしょう。

Column

## 公文書管理法と情報公開法、どこが違う？

「公文書」と「行政文書」とはどう違うのか、現用あるいは非現用文書のどこまでを含むのか等々、法律の条文の理解は容易ではありません。二〇〇九（平成二一）年成立した、公文書管理法では、以下のように定義しています。

この法律において「公文書等」とは、次に掲げるものをいう。

一　行政文書
二　法人文書
三　特定歴史公文書等

（第二条八項）

この定義で、「行政文書」とは、行政機関の現用文書を指し、「法人文書」とは、独立行政法人などの現用文書、さらに「特定歴史公文書」とは、国立公文書館などの管理する非現用文書を指します。従って、公文書館にある文書は、行政文書ではないのです。

情報公開法では、「行政文書」とは、「当該行政機関が保有しているものをいう」とあり、まさしく「現用文書」が公開の対象になります。

「現用文書」「非現用文書」という区分けで説明すれば、公文書管理法は、国の行政機関などの現用文書と、国立公文書館などの管理する非現用の文書を管理する法律で、情報公開法は、現用文書を開示せよと市民が請求した場合に差し出す現用文書ということができるでしょう。

さらに「説明責任」ということで言えば、公文書管理法は、現在及び将来の国民に対しての説明責任、情報公開法は、現在の国民に対する説明責任と言い換えることができそうです。

## いま、なぜアーカイブが必要か――企業の場合

### 企業を取り巻く環境の変化

企業におけるアーカイブの必要性を説く前に、企業を取り巻く情勢の近年の変化を、企業の持つ知的資産、技術、ノウハウ、記録、文書という観点から考えてみましょう。

CSR（Corporate Social Responsibility：企業の社会的責任）やコンプライアンス（法令遵守）[※15]ということばを聞かない日は無いといっても過言ではない昨今です。企業の不祥事も後を絶ちません。戦後の企業社会を支えてきた年功序列や終身雇用制度の崩壊が言われて久しく、愛社精神などの言葉もあまり聞かれなくなりました。そのような流れのなか、社会的な不正を働く者が一般従業員に加えて最高幹部からも出てきています。二〇〇六（平成一八）年には、そのような企業の内部告発者を守る法律「公益通報者保護法」も施行されました。

会社法、金融商品取引法の施行を受けて上場企業対象の内部統制報告制度が始まっています。初年度に当たる二〇〇九年、有価証券報告書と一緒に報告書が一斉に提出されました。

一方、わが国が生き残るには、もの作りの伝統を正しく継承することである、という観点から技術やノウハウの伝承も喫緊の課題になっています。

団塊世代の一斉退職によるハード、ソフトの技の伝承は、いわゆる二〇〇七年問題と騒がれました。企業[※16]によっては、定年後も技術を保有している人を「マイスター」に任命する制度を置いているところもでています。

産業遺産と蓄積技術では、廃山などの遺構をどのように残し活用するのか、また発展途上国へ技術をどのように移出して共存するのかが問われています。産官学連携でも、ものづくりは連携のテーマになっています。

これら技術やノウハウにつきものの知的財産権、特許、著作権については、知財権の信託化と信託法改正が二〇〇四年に実施され、翌二〇〇五年には、知的財産高等裁判所が設置されて内外の注目を集めました。

産業発展と表裏をなす環境への配慮ということでは、CSRの一環としての環境ビジネス、なかでも$CO_2$排出権取引、ISO14000シリーズでの厳しい文書化要求が挙げられます。

二〇〇八年のリーマンショック以降は、日本型経営の見直しの機運も出ています。何百年と続く老舗の経営手法が見直されたり、一方M&A（企業の買収・合併）では、相手方資産活用の観点が注目されています。

永続的な成長がもはや不可能との認識に加えて、災害や情報クライシスなどの不測の事態に備えるBCP（Business Continuity Plan：事業継続計画、39p参照）の考えも出てきており、これは情報セキュリティ構築などのリスク対応で木目の細かい経営手法が求められています。

## アーカイブの必要性

このような背景を押さえて、いまどうしてアーカイブが必要なのかを考えてみましょう。アーカイブはまさに現下の課題にも応えてくれるからです。

一、会社法、金融商品取引法における内部統制では、厳正な文書管理が明確に求められている（経営管理強化のため）

会社法と金融商品取引法が、それぞれ二〇〇五（平成一七）年、二〇〇六年に制定されました。これを受けて、二〇〇九年の決算期において、はじめて、上場会社全二六七二社の内部統制報告書が提出されました。三月決算会社の内部統制報告書では、「重要な欠陥が存在する」、「重要な手続が実施できない」と表明した企業は合わせて六五社あり、主として、適正な文書管理がなされていない、ということを指摘しています。

なお、二〇一〇年の報告では、提出総数二六〇〇社のうち「有効でない」とした企業は二二社でした。

二、PL（Product Liability：製造物責任）対応などで説明責任が問われる。その際の説明資料とするガス器具メーカーの事故などが記憶に新しいところですが（56ｐ参照）、ＰＬという観点から企業も資料の保管は極めて重要です。

保存年限については、

・永久に保存することが望ましいと思われるもの

・製品の耐用年数、時効等を考慮して一〇～一五年位は保存しておいた方がよいと思われるもの

・社内の文書保存規定に従って短期間（五年間または五～一〇年単位）保存しておけばよいと思われるもの

に分類されます。

三、知的財産権、特許、著作権などの権利関係、特許訴訟などの裁判対応で文書が求められる

経済産業省では、二〇〇四年に「知的財産情報開示指針」を作成し、知的財産の戦略的活用を推進することを宣言しました。企業側としては、知的財産報告書を年次報告書と共に定期的・継続的に発行

することや、インターネットを通じて当該報告書を広く一般に利用しやすく提供すること、当該報告書を基礎として知的財産に焦点を当てた投資家向けの説明会を経営者が定期的に開催すること等が期待されています。

二〇〇四年には、知財権の信託化と信託法の改正、二〇〇五年には、知的財産高等裁判所が設置されました。休眠特許の活用などが、産業再生のために喫緊の課題になっています。

四、創業の理念や発展途上期の困難や苦労・事故や失敗の、役員と従業員の共有化、教育のため
当社の現在の繁栄はどのようにして培われたのか、またどんな曲折を経てきたのか、失敗の経験は蓄積されているのか、など今一度、自社の歴史から学ぶ必要はないでしょうか。アーカイブは会社のナレッジ（知識資産）の土台といえるでしょう。

五、新製品開発のためのヒントとして
技術には流行り廃りがあるので、いつ蘇るか分かりません。不要な金型など捨てないで取っておくという発想が必要と言われます。また、時代や地域を越えて、技術の蓄積が蘇る例が報告されています
（*61*ｐ参照）。

六、ＩＲなどの広報のツールとして
財務情報の四半期開示などを受けて、社内やマスコミ対応などに、アーカイブも含めた一元管理が必要となってきています。広報関係では特に、製品写真の問い合わせにも即座に対応できます。

七、ＩＳＯ対応、ＣＳＲ、コンプライアンス実行のツールとして

品質や環境などのＩＳＯ対応、企業の社会的責任を果たすため、リスク回避など情報公開により透明性を確保する、あるいはステークホルダー（利害関係者）に対して発信するための各種資料の活用が求められてきています。

八、ホワイトカラーの生産性向上のため

オフィスでは、必要な時に必要な資料を即座に取り出せる態勢にあることが求められています。ホワイトカラー労働者の「書類探し」の時間は、累積すると膨大なものになります。

九、団塊世代の退職などによる「技」の伝承のツールとして

ものづくりの、次の世代への伝承が急務となっています。退職後も「マイスター」を置いて、後輩の指導に当たらせる企業が増えています。

一〇、企業は社会の公器、という観点から、現在および次代へ継承するため

官民問わず説明責任が問われる時代になっています。さらに、企業はステークホルダーを中心とした「公器」という考え方が広がっています。そのためにいつでも要求される資料を提出できる準備を整えておく必要があります。

## アーカイブの方針・目的

それではここで、アーカイブの方針・目的をまとめてみましょう。前節のシーンのうち、

四、創業の理念や発展途上期の困難や苦労・事故や失敗の、役員と従業員の共有化、教育のため

五、新製品開発のためのヒントとして
八、ホワイトカラーの生産性向上のため
九、団塊世代の退職などによる「技」の伝承のツールとして

をまとめると、以下の目的が考えられます。すなわち、
目的一、企業文化醸成と継承、企業内知識の共有と活用（ナレッジマネジメント）のために構築。外部公開は意識しない

次のシーン、
二、ＰＬ対応などで、説明責任が問われる。その際の説明資料とする
三、知的財産権、特許、著作権などの権利関係、特許訴訟などの裁判対応で文書が求められる
六、ＩＲなどの広報のツールとして
一〇、企業は社会の公器、という観点から、現在および次代へ継承するため

をまとめると、次の目的が浮かびあがってきます。すなわち、
目的二、社会、産業、市場、ステークホルダーなどへの危機管理・広報・リクルート等対外発信するために構築

さらに次のシーン、
一、会社法、金融商品取引法における内部統制では、厳正な文書管理が明確に求められている
七、ＩＳＯ対応、ＣＳＲ、コンプライアンス実行のツールとして

をまとめると、

目的三、経営の意思決定や各種経営計画など立案のバックボーンとして、コンプライアンス実行のシステムなど主に社内に限定される目的のために構築（目的三、は経営に限らず、たとえば技術アーカイブというような部門目的も含まれる）

が浮かびあがってきます。

これらの目的にはどのような組織体制が適切かについては、後述します（98p参照）。

Column

## 海外企業アーカイブの事例

英国国立公文書館と英国企業アーカイブ会議は、二〇〇九（平成二一）年、Managing Business Archives : Best Practice Onlineというサイトを共同で開設しました。

英国は、産業革命の発祥地という伝統からか、企業アーカイブが盛んです。

このサイトでは、重要なレコードとはどういう分野に資するかの紹介があり、わが国企業アーカイブにとっても参考になります。

その分野とは、

・Corporate / Governance（企業とその統治）

・Communications（コミュニケーション）
・Finance（財務）
・Human Resources（人的資源）
・Property / Estates Management（資産、不動産管理）
・Research & Development（研究開発）
・Sales and Marketing（営業とマーケティング）
・Technical（技術）
・Artefacts and Memorabilia（遺物や遺品）
・External Source Material（外的資源）

というものです。

記録というものに対して全方位にアンテナを張っていることが、これを見てもよく分かります。例えば環境問題に関することで英国の会社に、インターネットを通じて問い合わせたとします。対する答えは、

・自社の環境についての考え方の文書による説明
・所蔵する資料と閲覧の案内・勧誘
・関連文書の送付とさらに詳しい説明（原因、投入費用、将来の準備等）

などが即座に返ってくるといいます。

都合の悪い資料は隠すか廃棄するか、というご時勢ですが、こと欧米では自らの企業内部のことを包み隠さずなるべく答えた方が良いという考え方が現在の主流を占めています。アーカイブがきちんと構築されているからこそ、質問なんでもござれ、という自信が持てるのだと思います。

# いま、なぜアーカイブが必要か―学園の場合

## 学園アーカイブの機運

学園史等の編纂にあたっては、多くの学園関係歴史資料が集められます。学園史編纂は一時的な事業として企画されることが多いため、企業史や自治体史と同じように、苦労して集めた貴重な資料も、学園史刊行後は未整理のまま資料室の片隅に置かれ、忘れ去られ、いつの間にか散逸してしまったという話もよく耳にします。さらに多くの学園史が、記述の根本である教育制度の歴史を詳述しているとも言い難く、いわゆる「引き出物」の域を出ない状況が続いてきました。

もともと、学園アーカイブ（歴史資料室）は、沿革史の編纂後の資料散逸を防ぎ次回の編纂に備える、というところから設置される事例が多かったのですが、建学の精神や学園の歴史、伝統、アイデンティティを再認識し、学園の発展方向を展望していくことの重要性が認識されるようになりました。自校の資料をきちんと整理、保存、活用していこうという機運がたかまり、学園アーカイブを整備する動きがこの一〇年ほどでさかんになっています。学術研究、教育の更なる進展のため、文書の適正管理のため、学園の伝統継承のために学園アーカイブの整備が内外から強く求められているのです。

さらに日々の学園運営の中で作成される事務文書や、多様な学術・教育資料を学園アーカイブとして整備し、公開していく過程は、建学の精神や学園の歴史、伝統、アイデンティティを再認識し、発信、共有

し、再生産していく過程でもあります。

**新しい大学評価基準**

一九九一（平成三）年、大学設置基準が大幅に改正されました。個々の大学が、特色ある教育研究を展開できるようにと制度の弾力化を図り、従来詳細に定められていた教育課程などの基準の要件が緩和され、大学による自己点検・評価が努力義務と定められました。

さらに二〇〇二年には中央教育審議会答申「大学の質保証に係る新たなシステムの構築について」において、教育研究の「質の保証」すなわち「内部質保証」（87p参照）を大学自身に求めるという方針のもと、自らの責任で大学の諸活動についての自己点検・評価を行い、その結果をもとに改革・改善に努め、それを第三者が評価する[※⑰]というシステムが提言されました。

現在、このシステムが適切に機能しているか否かを判定する評価基準の一つに、教育研究活動のデータベース化[※⑱]の推進が掲げられています。

具体的には、

・基礎データの組織的・継続的収集と管理
・大学沿革史の編纂
・大学文書の保存と活用

などが課題とされ、多くの大学では、これまで以上に自校の歴史編纂、アーカイブの設置に力を入れるようになりました。

## 学園アーカイブの実際

では、実際に学園アーカイブの内容は、どのようなもので構成されるのでしょうか。

学園アーカイブとは、「歴史資料室」であるとともに、「学園の資料を収集、保存、利用する永続的な仕組み」です。学園アーカイブには、大きく分けて、次の六つの機能があります。

一、事務文書の評価選別、収集
二、学園関係資料の収集
三、収集資料の保存、管理
四、収集資料の展示、公開
五、収集資料のデータベース化、資料情報の公開
六、学園関係資料情報のレファレンス

[※19]学園アーカイブの対象となる資料は、学園の組織運営の歩みを示す資料です。例えば、学園からの発信文書、受信する公文書、関係省庁の認可書類、稟議文書から、広報、出版物、学生のレポート、作品、広報資料、学園案内ビデオ、行事の記録など多岐にわたります。

## 学園アーカイブ整備の意義と必要性

このような前提に立って、学園アーカイブ整備の意義と必要性について考えてみると、おおよそ次の項目に集約されるかと思います。

一、自己および第三者からの継続的な点検・評価に応じ、都度情報を公開し、その説明責任を果たす
二、マネジメント的な観点から組織運営の効率と向上を図り、明日の大学を支える
三、学園が所有する歴史的・文化的あるいは学術的価値のあるものを選別して保存し、研究の用に供する
四、近現代史における教育史や学校制度史の研究にも貢献する
五、学園への帰属意識や連帯感の醸成を図り、教職員・学生のアイデンティティの確立を目指す
六、地域の歴史的特性を探求し研究成果を還元することによって、地域との連携を深め、地域での存在意義をアピールする
七、社会の学園教育への関心を向上させ、評価を高め、受験者、入学者増加を図る
八、年史編集作業のなかで収集された自校資料を保存・活用する

さらに、これらから学園アーカイブの目指す方向性や目的、手段を整理してみると、

・研究活動
・教育活動
・広報活動

といった、よく言われる学園アーカイブの基本的事項に辿り着くことができるでしょう。

## 内部質保証とは

ここで、教育関係以外の一般の方にはなじみが薄いと思われる、「内部質保証」という概念につき説明します。

少子化の進展と相次ぐ新設大学の開学で、地方の私立大学を中心に定員割れが深刻化し、統廃合や閉校を余儀なくされる大学が出てきています。一方で改革に成功して、人気を回復している大学も少なくありません。いよいよサバイバルレースに突入した大学の動きから目が離せなくなってきました。今や官民挙げて大学の改革に余念がなく、三〇数年前に卒業した筆者などには隔世の感があります。

「大学評価基準」は、大学をあらゆる側面から客観的に評価するための「基準」であり、大学の「良し悪し」を判断する重要なメルクマールとなるものです。これらについて、さらに詳しく見ていきましょう。

各大学のウェブサイトでは、専門機関の認定を受けたという紹介と相互評価・認定評価の結果、さらに自己点検・評価報告書が掲げられています。

「〇〇大学は、二〇〇五（平成一七）年度の㈶大学基準協会の相互評価並びに認証評価を受審し、大学基準に適合しているとの認定を受けました。認定期間は二〇一三（平成二五）年三月三一日まで」という具合です。

「大学基準に適合」とはどのような内容を言うのでしょうか。中央教育審議会の答申など大学改革の一連の流れのなかで、二〇〇四年度より、国・公・私立を問わず七年以内に一度、第三者認証評価機関による認証評価を受けることとする制度が義務付けられました。各大学が掲げる理念・目的・教育目標の実現にはじまって努力の状況、教学・施設・就職サポート・福利厚生など大学の全機能を精査するものです。そのなかで特に、大学自らが自己点検・評価を行って、質を保証する「内部質保証システム」ができているか否かが評価の大きな基準になると説明されています。

では一体、大学の質＝内部質とはどのようなものなのでしょうか。「質」の内容としては、

・設置認可時の遵守事項
・大学が掲げる使命・目的
・社会が期待している教育成果
・国際的通用性のある教育研究

などが挙げられますが、これら大学の「質」を自ら保証する制度が、「内部質保証システム」というわけです。保証するのは大学自身であり、そのための体制を整備していることが、大学への信頼に繋がると考えられています。企業における内部統制システムに繋がる制度とみることもできます。

評価機関による評価以前に、自ら絶え間なく自己評価していることが、すなわち、内部質保証であり、それであればこそ、多くの大学では、アーカイブを上手く利用することができるか否かがシステムの鍵を握る、という認識に立ちつつあると思われます。

Column

## 学校の記録と記憶

二〇一〇（平成二二）年九月、東京都の明石小学校の取壊しが開始されました。関東大震災後に建造された復興小学校の中でも最古参に属し、曲線を多用するなど最新の建築思想を導入したこの建物の解体を惜しむ周辺住民や卒業生も多いと聞きます。

読者の皆さんは明治村に行かれたことはあるでしょうか。一九六五（昭和四〇）年に開村したこの施設は、現在六七の建物が移築されて公開されています。

このなかで、学校関係の建物はどのくらいあるか調べてみると、

・三重県尋常師範学校・蔵持小学校
・千早赤阪小学校講堂
・第四高等学校物理化学教室
・第四高等学校武術道場「無声堂」
・第八高等学校正門
・北里研究所本館・医学館

の六件が保存展示されています。

「降る雪や明治は遠くなりにけり」という俳句がありますが、もう昭和も遠くなるような感覚も覚える今日この頃です。

私事で恐縮ですが、筆者が学んだ小学校の跡地は、現在商業施設になっています。その一角に公園があり、「ここには昔、〇〇小学校があった」と刻まれた碑が建っています。発起人には、薫陶を受けた先生の名前が連ねられていて当時が懐かしく思い出されました。小学校は移転し、名称も変わっています。校門には、これも先の小学校校歌を刻んだ碑が建っており、そこには作詞者と作曲者である白鳥省吾、信時潔の名前も刻まれていました。信時潔は戦時中の「海ゆかば」の作曲でも有名ですが、朝夕歌った曲はたしかに雄大なメロディーだったと記憶しています。
記録や記憶の保存が自分の身近でも着実に行われていることを知りました。

※① 二〇〇〇年に起きた雪印乳業集団食中毒事件では、同様の事故が一九五五年にも起きており、その経緯は、社史（『雪印乳業史』一九六一年）に詳述されている。同社はその経験を長らく共有してきたが、途中で途絶えてしまった、その矢先の事故だったと言われている。一九五五年の事故については、「全社員に告ぐ」という社長訓示が、その社史のなかで紹介されている。一部を引用してみたい。

「今回東京都における学童給食に際し発生した八雲工場の脱脂粉乳による中毒問題は、当社の歴史上未曾有の事件であり、当社三十年の光輝ある歴史に拭うべからざる一大汚点を残したものである。（中略）…適切な殺菌と急速かつ適度の冷却が優秀な製品を創り上げる最大の鍵であり、市場における細心の管理が品質保全の絶対条件である。この協力があってはじめて製品の信用と声価を高めることができるのである。この協力の責任を果たさずして他に責任を転嫁することは許されない。信用を獲得するのは長年月を要し、これを失墜するのは一瞬である。（中略）。いかなる近代設備も優秀なる技術と細心の注意無くしては、一文の価値もあらわさないばかりでなく、却って不幸を招く大なる負担である。

機械はこれを使う人によって良い品を生産し、あるいは不良品を生産する。そして人間の精神と技術とをそのまま製品に反映する。…今回発生した問題は当社の将来に対して幾多の尊い教訓をわれわれに与えている。これを単に一工場の問題として葬り去るには余りにも犠牲は大きく当社の社会的責任は大である。…この問題を徒らに対岸の火災視することなくおのおのの尊い反省の資料としてこれを受入れ、…生産者と顧客に接する努力を続けるならば、…ますます将来発展への契機となることを信じて疑わない。（後略）」

二〇〇二年に発覚した東京電力原子力発電所（福島第一、第二、柏崎刈羽）の自主点検記録改竄事件では、捜査の途中で一連のトラブル隠しが、はるか一五年前から行われていたことが判明した。責任をとって当時の経営首脳が退陣したものの、記録改竄の事実が、東電の組織風土を改め、国の原子力行政に生かされることはなかった。

※②

文書保存期間の目安として、以下に分類できる。

一、永久に保存することが望ましいと思われるもの
- 設計承認図（量産に移るために作られる最終設計図）
- 法律で定められた各種の基準に合致をしていることを確認したテストの実験報告書、写真、記録映画等
- 品質検査基準
- 事故を起こした当該製品の検査表

二、製品の耐用年数、時効等を考慮して一〇～一五年位は保存しておいた方がよいと思われるもの
- 基本設計図
- 社内確認テストの記録
- 製造工程図
- 受け入れ時および製造時の検査の記録
- 工場出荷時および製品販売時の記録等

三、社内の文書保存規定に従って数年間（五年間または五～一〇年間位）保存しておけばよいと思われるもの
- 開発の打ち合わせメモ、販売用パンフレット
- 設計に関する打ち合わせメモ
- 実験に関する打ち合わせメモ

・製造時の作業手順書
・輸送、保管の記録等
（三井俊紘・相澤英生、『Q&A　PLの実際』、日経文庫、一九九八年）

※③ 最近（二〇一〇年）の事例では以下が挙げられる。米アップル製の携帯音楽プレーヤー「iPod nano（アイポッド　ナノ）」が充電中に過熱する事故が相次いでいる問題で、経済産業省は七月二九日、販売したアップルジャパン（東京都新宿区）に対し、消費生活用製品安全法に基づき、再発防止策や事故概要、今後の対応などについての報告を指示したと発表した。

※④ そのために、勧誘や契約締結の際に事業者の用いた説明資料などは、なるべくもらうこと、もらった後も、きちんと保管すること、事業者が勧誘の際に示した説明資料を回収しようとして、これを拒みきれない場合にはコピーをもらう、資料類が不十分なときには、説明されたポイントをその都度メモに控えておくなどの注意が必要と言われる。

※⑤ 一方で一九九五年、コダック社の米国三〇一条に基づく提訴に対して、富士写真フイルムの事実関係の積極的な開示と反論で企業防衛に成功した例もある。

※⑥ 専ら文書の所持者の利用に供するための文書（自己使用文書）とは、例として担当者のメモ、日記帳、備忘録等が挙げられる。なお、取締役会議事録、監査役会議事録、証券会社の注文伝票、賃金台帳等のように法令上作成が義務づけられている文書は自己使用文書には該当しない。また、上司宛報告書、稟議書、常務会議事録等の各種議事録、クレーム報告書、事故調査報告書等のように両者の中間的性格をもつ文書がある。例えば、銀行の貸し出しの稟議書は、最高裁の判決（平成一一年）では自己使用文書とされた。

※⑦ この後、民主党の政権下で、内部調査や有識者による調査が行われた。後者の報告書は、以下のサイト。そこでは、「補章　外交文書の管理と公開について」として、アーカイブの提言がなされている。
http://www.mofa.go.jp/mofaj/gaiko/mitsuyaku/pdfs/hokoku_yushiki.pdf

※⑧ 中国では、文書館のことを「档案館《とうあん》」という。档案館は、全国档案館、専門档案館、部署档案館、企業档案館、文化事業档案館、科学技術档案館、私営の档案館に分かれる。中央政府と省級の党機関のほとんどに設置されており、地方や県レベルでも存在し、さらに個々の企業でもすべてが持っている。中国全土で四〇〇〇程度に及び、図書館（三〇〇〇程度）、博物

館（二〇〇〇程度）を抜いている。

※⑨　馬渕浩一、『技術革新はどう行われてきたか』、日外アソシエーツ、二〇〇八年

※⑩　NPO法人日本パテントトリサーチアソシエイツの大鐘恒憲氏が、久保田缶詰所の口栓付きパウチ技術と焼津水産化学工業のN-アセチルグルコサミンの技術を結びつけた。

※⑪　岡野雅行、『俺が、つくる！』、中経出版、二〇〇三年

※⑫　太平洋炭礦や池島炭鉱、松島炭鉱など、二一世紀になって次々に廃鉱になった鉱山の採掘技術は、今まさにニーズのある東南アジアの技術修習生に引き継がれている。これも技術移出の好例であろう。

※⑬　情報公開法では、従来の自治体の条例が、ほとんど決裁供覧文書に限定されていたのに対し、新たに「組織共用文書」という概念が取り入れられた。この内容は、決定しなかったものや供覧の手続きを経ないもの、意思決定に至るまでの経過文書や参考資料などを指しており、公開の基準範囲が大幅に広げられた。

※⑭　「公文書等の適切な管理、保存及び利用に関する懇談会」は、平成一六年の報告書、『未来に残す歴史的文書・アーカイブズの充実に向けて（副題）』のなかで、「…我が国における公文書館制度が「将来の国民に対する説明責任」に応えうる国際的にも遜色のないものとなって…」と締めくくっている。

※⑮　CSRは、二〇一〇年、ISO26000として発効した。

※⑯　全米科学アカデミーによると、画期的な製品といえども、せいぜい四～五年でピークを迎え、生産手法や開発体制は七～八年持つか持たないか、最もキャッチアップが難しいのは「人の能力と資質」という。わが国では、キヤノン、三菱重工業、不二越、三井ハイテックなどの企業が「技監」、「マイスター」をおいている。

※⑰　一九九八年には、一歩進んで自己点検・評価の実施、結果の公表を義務化し、学外者による検証を努力義務化することや、より透明性の高い評価となる第三者評価の導入が提言され、二〇〇二年には、本文にある国の認証を受けた「第三者評価機関（認証評価機関）」が定期的に評価を行う第三者評価制度の導入が提言された。そして、二〇〇四年には、いよいよ、自己点検・評価結果を公表することや文部科学大臣の認証を受けた認証評価機関による第三者評価を受けることなどが定められた学校教育法が施行され、法のもとでの第三者評価制度がスタートした。これを受けて、大学基準協会、日本高等教育評価機構、短期大学基準協会等が認証を実施することになった。

※⑱　新大学評価システム ガイドブック—平成二三年度以降の大学評価システムの概要—、大学基準協会
http://www.juaa.or.jp/images/accreditation/pdf/distributed/university/documents_01.pdf
※⑲　■組織の資料
・建学理念、大学運営の歴史を示す文書、簿冊、事務記録、周年行事等の文書
・大学内諸機関の議事録、意見書、答申、報告書など
・教育方針、学籍簿、時間割、シラバス等、生徒・教育に関わる文書
・大学が刊行する年報、要覧、意見書、答申、報告書
・歴史を示す徽章、制服、制帽、校旗等の物品・写真・ビデオ
■在職教職員・在校生の個人資料
・教職員の著書、論文、講義資料等
・学生のレポート等

**（ＵＲＬの参照時期はすべて二〇一一年八月）**

# 第三章　アーカイブを実践してみよう

## 実践―アーカイブの態勢

アーカイブを実際に担う組織については、自治体であれば文書館を、企業、学園であれば恒常的な資（史）料室（センター）を置くことができれば万全でしょう。しかし予算などの関係でなかなか専任部署と人員が割けないという場合、あるいは専門部署設置の前段階としての態勢・組織についてどのように考えたらいいのか。以下に考えてみましょう。

### 自治体の場合

アーカイブの実践に入る前に、自治体の文書管理の原理や実態について押さえておきましょう。

文書管理に関わる部署としては、公文書を作成したり外部から受け取ったりする部署を「原課」といい、さらにその原課から文書を移管され、文書管理全般を総括している部署として「文書主管部署」が挙げられます。これは通常、総務部などに置かれる文書課などがこれに相当します。

筆者が取材した折りに、原課の隅に文書保管用のキャビネットが置かれており、文書を現用文書として保管している、として、上の一、二段目から一年目の文書、下に下がって二年目→三年目と保管している事例がありました。これ以降は、文書管理規程に基づいて、原課や文書主管部署で保管・保存の措置が採られるのが一般的とのことでした。保管・保存年限は通常、一年、三年、五年、一〇年、三〇年と決められています。

文書管理[※①]について当該自治体が把握すべきこととしては、

・重要文書についての職員の意識は共有されているか
・原課から文書主管部署への文書の引き継ぎは、どのような協力体制で行っているのか
・重要文書の選別は原課で行うのか、それとも文書主管部署で行うのか
・重要文書の保管・保存は原課で行うのか、文書主管部署で行うのか
・文書管理規程に、保存期間満了後の、重要文書保存の基準や措置が盛りこまれているか
・重要文書を保存するスペースと環境は十分か

といった事項が挙げられます。

文書館を設置している自治体は、原課→主管部署→公文書館という安定的な流れができていて意識も高いようですが、二〇一一（平成二三）年四月の公文書管理法施行を受けて文書館を作ろうという場合、行政文書の歴史的な価値を認識し、文書館の設立意義について認識の共有を図ることが求められます。筆者が取材した例では、保育所への待機児童の解消が最優先の課題であり、文書館設置までとても手が回らない、という役所がある一方で、公文書を十全に管理・保存し後世に伝えることは、区の重要な責務である、と認識している区役所もありました。

わが国の伝統的な[※②]ファイリングシステムも実施率が低下していると言われているなかで、現用文書から保存年限満了の非現用文書までを、一貫した方針で扱う政策が求められています。

今後の実践部隊としては、外部への対応、特に住民への説明責任を果たすためという面から、情報公開条例とそれへの対応組織の延長として、総務部の情報公開課というような部署が先導していくことが現実的でしょう。

内部への対応、政策実施の参考資料として役立てるため、という面では、参謀本部的な役割である総合政策部、政策経営部というような部署がリードすることが考えられます。

地域の歴史的文化資源として役立てるためという面では、まさに文書館が相当しますが、設置されていない場合には、行政資料室あるいは文化振興課地域資料担当という部署や教育委員会、歴史博物館や郷土資料館あるいは年史編纂室がフォローすることが適当と思われます。

## 企業の場合

前述で、アーカイブの目的を挙げましたが（78p参照）、まずはこれに添って説明していきましょう。

【目的二】企業文化醸成と継承、企業内知識の共有と活用（ナレッジマネジメント）のために構築（外部公開は意識しない）

部署としては、資(史)料センター、情報センター、情報資料センター、企業文化部、社史編纂室、アーカイブセンター(室)、資(史)料館、情報システム部などが実行部隊として挙げられます。

資(史)料センター、情報センター、情報資料センターなどは、企業内のスタッフ部門として、属人的に管理され散在しがちな社内外の情報の収集・管理業務を担っている部署です。

企業文化部は、これらの部署の蓄積された情報の中身を深耕させ、社内外に向かって発信し、企業文化の蓄積と継承、さらには創造に関わるべき、との判断から設置されたと考えられる部署で、CSRにも対応しており実行部隊としては理想的でしょう。

社史編纂室は主に周年時に刊行される年史の編集スタッフ部門として設置され、一時的に資料管理担当部門の役割を果たします。しかし年史完成の折には解散になることから、最近では、収集資料やノウハウを恒常的に蓄積する目的でアーカイブセンター（室）を設置する事例が少なからず見受けられます。

情報システム部は、主にIT関連の情報整理の延長として担うケースです。CIO（Chief Information Officer）＝最高情報責任者の設置とも関係する課題で、詳しくは後述します（*103*pコラム参照）。

【目的二】社会、産業、市場、ステークホルダーなどへの危機管理・広報・リクルート等対外発信するために構築

部署としては、企業のPR（public relations）では広報室やIR（Investor Relations）室、さらには広報・IR室、総務部広報センター、社会貢献推進室などという部署が対応の中心になります。

この目的では、特にリスクアプローチ的な構築が求められます。経済リスクとか法令違反からくるレピュテーション・リスク（評判リスク）は大きな要因で、私たちは対応の不手際から一夜にして信用をなくすケースをしばしば見ています。

また、マスコミなどから製品などの写真提供の要請が多いので、それに対応したデータベースがあれ

ば便利なのだが、ということをよく聞きます。企業の不祥事やそれに対応したリスク管理、あるいはIR用に四半期の業績開示など、広報の発信頻度が多くなるにつれて、このデータベースが求められるのは必然と言えるでしょう。

他にも、環境報告書やCSR報告書（Corporate Social Responsibility Report）などに代表される広報物は、企業として最低限守らなければいけない責任と目標が掲げられますが、このような情報公開によるコーポレートガバナンス（企業統治）の発信、企業価値向上のためにも、さらには危機管理、緊急時における対応など、※③広報関係部署の役割が大きくなってきています。

【目的三】経営の意思決定や各種経営計画など立案のバックボーンとして、コンプライアンス実行のシステムなど、主に社内に限定される目的のために構築（これは経営に限らず、たとえば技術アーカイブというような部門目的も含まれる）

部署としては、内部統制推進室、法務部、コンプライアンス室、人事部、知的財産権推進室、R&Dなど、本社機能に属する部署が望ましい、と考えられます。

この目的は、目的一をさらに高度化したような体制が求められるでしょう。これも内部統制との関係で言えば、次のような課題があります。

従来、わが国の企業では、取締役会議事録などは、議題とその結果など必要最小限のことしか記述しない傾向にありました。今では意思決定プロセスこそが記述されるべき、と方向性が変わりつつあります。すなわちその案件に異議が出ているのか、その時、社外取締役は何を発言していたのか等々、特に株主代表訴訟などでは、そういったことへの質問が想定されるといわれます。実際の株主代表訴訟の事例では、取締役は、自らの不正行為への責任だけでなく、不正行為を防止する「体制を敷くことの責任」が問われており、コンプライアンス体制構築が一層求められています。[※④]

また、技術アーカイブでいえば、R＆D（Research and Development：研究開発活動）などの部署が中心になって、知財権対応など当該会社の主力製品およびそれに関わるラボノート（60ｐ参照）などの技術アーカイブを構築することが考えられます。

**学園の場合**

アーカイブの目的としては、研究目的、教育目的、広報目的と三つの目的を述べました（85ｐ参照）。研究目的としては、

・学園が所有する歴史的・文化的あるいは学術的価値のあるものを選別して保存し、研究の用に供する
・近現代史における教育史や学校制度史の研究にも貢献する

を掲げましたが、実行部隊としては、図書館や図書館的・博物館的機能を有する組織が担当して、当該の資料を収集、稀覯本などコレクションの類を企画展示したり、内外の研究者に提供するなどといった活動が見られます。

また、わが国の旧植民地の分散資料を経済学部の研究室が引き受け、広大な保管場所を手当てして、目録作りから整理に着手するといった活動も見られます。[※⑤]

教育目的としては、

・学園への帰属意識や連帯感の醸成を図り、教職員・学生のアイデンティティの確立を目指す

・年史編集作業のなかで収集された自校資料を保存・活用し、併せて自校史教育を行う

を掲げましたが、年史を制作中の場合は、編纂室がこの目的を推進することが現実的でしょう。年史刊行という所期の目的を達成したならば、収集資料を散逸させることのないよう、恒常的な資料室（センター）を設置することが肝要です。さらには、自校史教育（182p参照）に取り組む学園が増えていることに鑑み、周年事業としての年史刊行云々の前に資料室設置を視野に入れることも考えねばなりません。

広報目的としては、

・継続的な自己および第三者からの点検評価に応じ、都度その説明責任を果たす

・情報を公開する（情報公開法などに関して）

・地域社会などへの理解の促進を図る

・学園教育への関心を向上させ、受験者・入学者増加を図る

を掲げましたが、この目的については、大学本部である、総務部、広報部、経営企画室等が担当することが適当と思われます。

筆者が担当したある学園は、建学の理念さらには教育・研究の成果を将来に継承していくために、建学者の記念資料室を開設しましたが、理事長、学長とのパイプが太い経営企画室が率先して取り組んでいました。

総じて学園の場合は、その目的如何を問わず、アーカイブ構築の初動において実質的に予算や権限の集中する理事長室、本部企画室、学長（総長）室といった組織がプロジェクトを動かし、その後に実行組織に移行するケースが多いのが特徴といえましょう。

Column

## CIOのこと

最近、CEO（最高経営責任者）やCFO（最高財務責任者）と同様に、CIO（Chief Information Officer）という言葉も、内部統制の話題では頻繁に見聞きするようになりました。

CIOとは一般的には、「最高情報責任者」と言われ、欧米ではIT担当のトップが就くケースが特徴です。わが国では、部門の長である情報システム部長や情報システムの担当者レベルが情報責任者につく場合が多いようです。

本来のCIOに求められる機能は、情報戦略を立案して、企業に適切な経営戦略を提案すること、従来の業務組織や業務プロセスを情報システムに適合させること、さらに全社の人材・ハードウェア・ソフトウェアなどIT資産の保持や収集を最適化することと言われます。CIOとは、ITを活用して経営を変革するミッションを持つ、と考えて良いでしょう。

現用文書を扱う専門職をレコード・マネジャーと言い、欧米ではCIOにも匹敵する戦略的な役割が期待されるケースも多いようです。

一方わが国ではどうでしょうか。「文書」「記録管理」というより、「情報」「ＩＴ」といった言葉の方が高尚に感じられる、という風潮はないでしょうか。

ＣＩＯの業務がＩＴ指向になっている故か、残念ながら文書や記録、アーカイブという内容に、今一つクロスしていないというのが、率直なところわが国の現状ではないかと思われます。レコード・マネジャーやアーキビストの出番が待たれるところです。

## アーカイブ、その作業手順について

本書ではこれまで、アーカイブの意味や意義、目的について、また周辺機関との相違、専門職としてのアーキビストのあり方、さらに自治体や企業、学園のアーカイブはどのような方向性が考えられるのかについて、世界やわが国の動向にも目配りをしつつ、基本的なことを述べてきました。

読者の皆さんは、ではアーカイブというのは一体どのような手順で、どういう方法で構築するのだろうか、という疑問を持たれたと思います。

以下、その作業手順について述べてみましょう。

## アーカイブはデジタル化のこと？

アーカイブのお話をしていますと、アーカイブとはデジタル化のことですか、と聞かれることがよくあります。確かに、アナログ資料をデジタル情報にして、より見やすく、より活用しやすくすることは、大変有効なアーカイブの手段です。ひところは、資料をデジタル化したら原本は捨ててもいい、とまで言われていましたが、昨今は、基本的には保存はアナログ、活用はデジタルで、という作業セオリーが定着しつつあります。

アーカイブ構築に関しては、

・何から手を付けていいか分からない
・値段はいくらかかるのか
・スケジュールはどのくらい見ておけばいいのか
・専門会社とはどのような協業体制になるのか
・全社的に始めるのは難しいので、部分的な着手は可能か
・内部の人の手当はどうするのか

といった質問が寄せられます。

これらの質問の答えは、自治体なのか企業、学園なのかによって、また構築するアーカイブの規模によっても違ってきます。しかしながら、構築の大まかな流れは、これまでのノウハウの蓄積もあり、ある程度標準と呼べるものが編み出されてきたように感じられます。

ここでは、そのアーカイブのオーソドックスな作業手順を紹介します。大きく分けて、五つの作業があります。

## 作業の手順

一、リサーチとプランニング

事業所のどの資料を、どのような目的でアーカイブするのか、そのための方針や手段をどのようにするのかを見極めます。下検分、諸調査、作業テスト、スケジュール作成、見積り作成を経て、いわば「アーカイブ編集方針」を固めます。

二、目録づくり

どこに、どのようなものが、どれだけあるのか、悉皆《しっかい》調査（全量調査）を経て、次に目録作成という段階に入ります。当該組織の過去と現在の業務内容から、組織活動をどのような項目に分類するかが死命を制します。

三、アナログ資料アーカイブ

アナログの資料については、資料補修、ファイリング、再配架（箱詰め）、マイクロフィルム化、デジタル化、デジカメ撮影、キーワード付与、テキスト化（文字データの入力等）などの作業をします。

四、デジタル資料アーカイブ

ここでは、WORDやEXCELなどのアプリケーションソフトで作成された生まれながらのデジタル文書（Born Digital, *126*ｐ参照）や電子画像について、個別整理、PC（HDD、サーバ）内データ整理、バックアップなどの作業を行います。

五、仕上げ、整理再配置、メンテナンス

アナログ、デジタル資料の整理が終わった次の段階で、ラベル作成、ラベリング、不要文書の廃棄、保管倉庫の手配・搬入、再配架・箱詰め、マニュアルの作成などの作業をします。

メンテナンスでは、定期巡回や、都度発生するアナログ・デジタル資料の収集・保管プランニング・手当て等を含むコンサルティング、さらに文書管理システム導入検討、資料室（館）の開設・拡充、運営等、公開・展示、広報等への活用についても継続的に検討を進めます。

次項以降、これら個々の具体的内容につき、解説していきます。

Column

## 消失した広島の町並みを再現―田邊雅章氏

田邊雅章氏は、一九四五（昭和二〇）年八月六日、ご母堂と弟さんを爆心地付近で亡くされました。氏は疎開中で当時七歳。陸軍中尉だったお父さんも出勤途中に被爆し、その後亡くなられ、お祖母さんと二人きりになってしまいました。半世紀近く映像制作に携わられた氏は、戦後頑なに原爆の証言を拒んできましたが、記憶を形に残さない限り、古き佳き時代の広島は永遠に消えてしまう、という想いから、二〇〇五年に自宅があった産業奨励館（現・原爆ドーム）付近の原爆によって焼失した町並みをコンピュータグラフィックで再現させました。

このプロジェクトの特徴は、

一、国内に記録はないので、ＮＡＲＡ（米国国立公文書館）で航空写真等の資料にあたった。
二、全国一六五人の存命証言者を探し、ヒアリングをした。
三、街並みを、その家屋の中まで、証言者の記憶をたよりに復元させた。
四、復元方法に、コンピュータグラフィックを利用した。

というものです。

爆心直下の産業奨励館の周囲には、一二六〇世帯余が暮らす城下町の風情漂う街並みがあったといいます。米、味噌、傘、旅館、仕出し、建具、運動具、食料品、骨董品の店四五軒が三次元ＣＧで再現され、うち一〇軒は家屋の内側に足を踏み入れることもできます。被爆前の賑やかな街のたたずまいが見事に復元されています。

筆者は、この話を聞いて、第二次世界大戦で、街を徹底的に破壊されたワルシャワの市民が、破壊前のレンガ壁の傷一つ残らず修理・再現させた、というエピソードを思い出しました。四年かけて一六五人に取材し、ワシントンに五回往復した田邊氏の熱意の根底には何があるのでしょうか。

マスコミの取材で田邊氏は、「これは孫の世代への遺言。あの日の出来事を忘れたとき、再びあの日が繰り返される」と言っておられますが、数千度の熱で焼かれた肉親を思い出すつらさに耐えられながら、忘却に立ち向かう記憶の闘いの成果、ともいうべきアーカイブを見事に構築されました。

## 作業手順——リサーチとプランニング

アーカイブの作業手順のうち、最初のリサーチとプランニングについて説明します。ここで、アーカイブの「編集方針」がたてられる大事な一歩となります。

机上での検討に先立ち、現場に分け入って、その状況を把握することが第一です。

筆者の経験した事例では、文書が倉庫内の段ボール箱にしまわれて埃を被ったままで放置されているというケースを多く見てきました。またデジタルで作成された文書が、パソコンやサーバの中に未整理のまま「ジャングル状態」で放置されている、という状況も目の当たりにしてきました。

資料館をお持ちのところでも、整理はされているものの、目録などが十分に整備されておらず、社員教育やPRに十分活用できていないというケースがありました。文書管理規程はあるにはあるが、その保存や廃棄の年限が守られておらず、またデジタルデータへの現旧がないなど陳腐化、形骸化している事例にも、たびたび出会います。こういった状況に鑑みて、まずはどのような作業から入るべきでしょうか。順をおって見てみましょう。

### 編集方針をたてる

一、どこに、どのようなものが、どれだけあるのか、悉皆調査から始めます。その際、それら文書類を整理した目録があれば、それを参考にするとよいでしょう。

二、急がなくてはならないこと、時間をかけて対応することを分ける。特に写真やフィルム、磁気テープ、ワープロ専用機で作成した文書のバックアップなどについては、急ぐ必要があります。

三、アーカイブ[※⑥]の全体編集方針を定めます。例えば、劣化の激しい資料の手当をどうするのか、フロッピーディスクなどの資料をどう再生させるのか、目録をどのように作成するのか、写真関係の資料をどう保存するのか、そもそも専門の資料室を設置するのかどうか、文書管理規程との兼ね合いをどうするのか、サーバ内のデータの整理までするのかしないのか、将来の外部発信をどう考えるのか、今後の継続的・全社的な資料収集・保存の仕組みをどう考えるのか等を検討する必要があります。

さらにこれに要するスタッフの手配、スケジュール作成、見積り作成と展開します（図表3-1）。

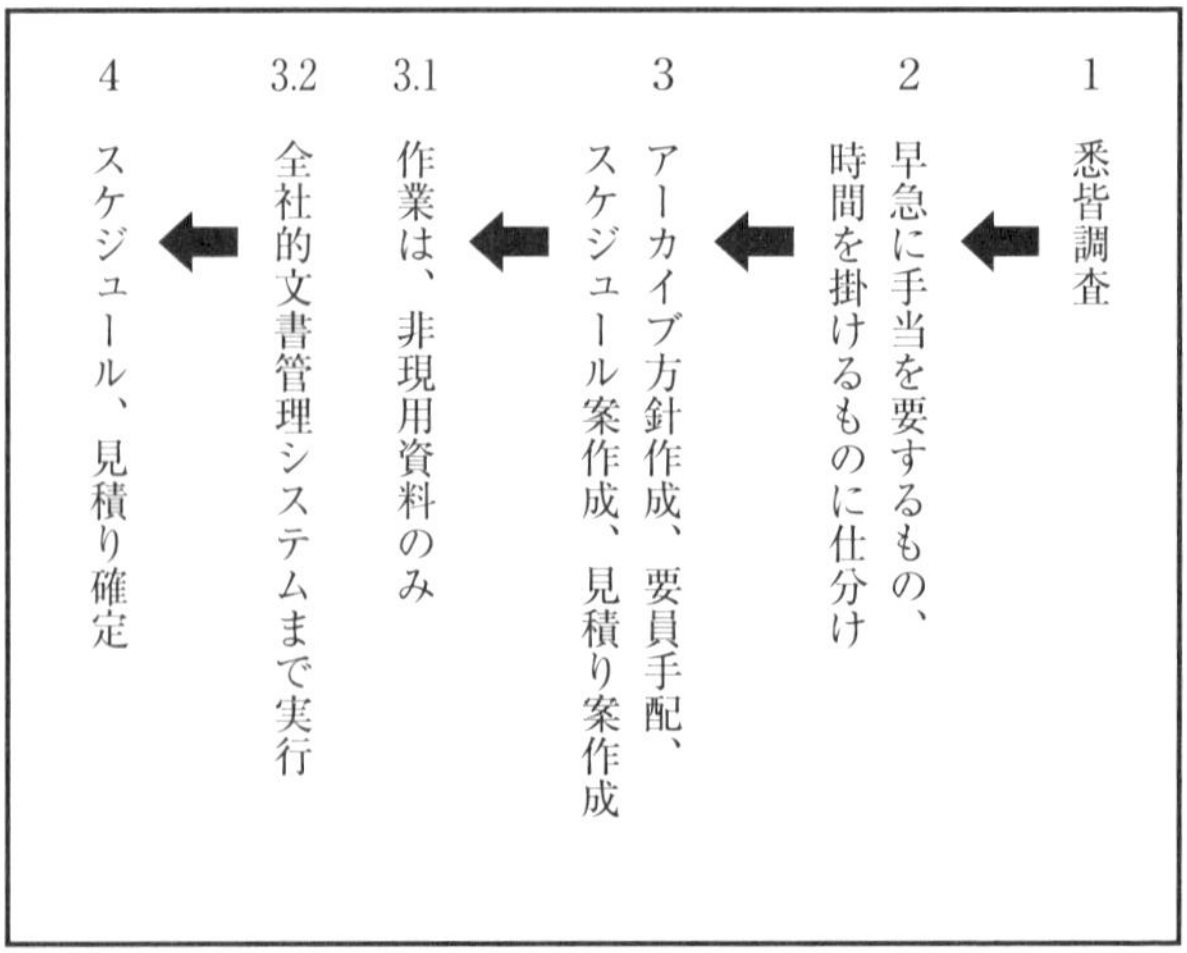

| | |
|---|---|
| 1 | 悉皆調査 |
| 2 | 早急に手当を要するもの、時間を掛けるものに仕分け |
| 3 | アーカイブ方針作成、要員手配、スケジュール案作成、見積り案作成 |
| 3.1 | 作業は、非現用資料のみ |
| 3.2 | 全社的文書管理システムまで実行 |
| 4 | スケジュール、見積り確定 |

図表3-1：アーカイブの作業手順　リサーチプランニング

## 現用文書まで対象にするのか

検討の際一番大事と思われるポイントは、過去の文書類（非現用文書）をどのように整理するのかということとあわせて、各部・各組織で扱っている現用文書の扱いまでも今回の対象とするのかどうか。さらに今後も頻繁に発生するWORD、EXCELなどのソフトで作られた、ボーンデジタルの文書（126p参照）や電子メールについても対象とするのかどうか、ということです。具体的には、

一、今回はとりあえず非現用資料のみの作業とする。新たに構築するアーカイブの仕組み・システムの課題を検証して、現用文書からさらに今後発生する文書までも視野に入れてみる。

二、いずれは現用文書や今後発生する文書も対象となるのだから、この際、全社的な文書管理システムの考えを導入して、電子メールなどの電子文書までも包含するシステムを考える。ゆくゆくはホームページなどで外部に発信することも考慮する。

という二つの選択肢が考えられるのです。

後者の選択は、現在行われている文書管理規程の見直しも含めて、各部署で保管されている資料を、非現用になったところから資料室へ移行するという流れを作る、デジタル文書でいえば、アーカイブサーバに集約し整理するという、いわば組織でアーカイブをきちんと手当てする「組織アーカイブ」の考え（35p参照）を取り入れることになります。

公文書管理法や内部統制、ISOなど記録にまつわる外部の動きも睨みながら、どのようなアーカイブを構築するか、組織の意思と力量が試されるところです。

Column

## アーカイバル・ヘゲモニー

読者の皆さんは、「アーカイバル・ヘゲモニー」ということばを聞かれたことがありますか。アーカイブを使って主導権を握る―というほどの意味だと思います。

二〇一〇（平成二二）年六月に、日米安保条約や沖縄返還交渉などを巡っての文書欠落問題に関して有識者委員会から報告書が出されました。米国との交渉において「密約」があったかなかったか、という一連の報道です。

当然ながら、文書・記録があるかないか、がその一番の問題点となりますが、関係者に取材しても、そのファイルの記憶が無い、とか、引き継ぎメモを見たこともない、勝手に捨てるとは考えられない、という返答が多く、「存在」については推測の域を出ていませんでした。

一方、米国では国立公文書館などから、その関係の文書が出ており、対するわが国では、当時の職員の証言や密使として交渉した人の著作、さらには元首相の保存文書などから密約に迫るということになります。

昨今、台湾や韓国、中国が積極的に文書を公開し始めていると聞きます。わが国のアジアでの今後のあり方を考える上でも、外交活動における文書は鍵となるでしょう。ヘゲモニーは、何も武力などの強権で相手を屈服させることではありません。自らを他者にどう承認させるか、納得してもらえるか、そのためには「証拠」の保全や公開がヘゲモニー獲得の有力な武器となるはずです。

## 作業手順──資料の分類

### 膨大な資料を前にして

どこに、どのようなものが、どれだけあるのか、悉皆調査を経て、次に資料の分類という段階に入ります。ＩＳＯ１５４８９[※⑦]（30ｐ参照）で目的としている「利用性を最大化する」ために、この作業は大いに力を発揮するところとなります。

分散している膨大な資料群や、一つ所に集まってくる資料を前に、実際にどう整理していいのか、悩みどころです。これら資料＝データに対して、調べたい内容を検索などの手段によって探し出すためのデータ作り、これを「メタデータ[※⑧]（データのデータ）を付ける」と称しますが、そのためにはどのような手順が必要なのか、ここでは、企業の例をとって説明してみましょう。通常は、以下の順序をお勧めしています。

一、どの部署から出てきた資料なのか
二、誰が、何時作成した資料なのか
三、どういう内容の資料なのか
四、本物の資料なのか

以上を把握した上で、当該企業の過去と現在の業務内容から、組織活動をどのような項目に分類するか

がポイントになってきます。これが組織の活動の歴史を如実に表すことになるからです。すなわち、

五、分類項目を決める

例えば、これはある大手メーカーの場合ですが、大分類として、

・経営・財務・総務
・創業者
・事件・事故
・広報
・商品・商標
・営業
・生産・技術・R&D（技術開発）
・人事・労務・福利厚生
・関係会社
・労働争議関係
・その他

というような一一のカテゴリーを設定しています。

あるいは、これはある中堅商社の事例ですが、大分類と中分類を、

・経営管理―中期計画・予算、重要保管文書、会議、リスク・マネジメント

・現地—パートナー会社、産地情報、生産・加工
・商品—商品関連基礎データ、品質管理、仕様、在庫
・ロジスティック—輸出、輸入、販売、海外営業
・広報—広報関連

というように分けています。

項目によっては、どちらに入れたらよいものか迷うものもあるでしょうが、まずは目録上でとりあえずの分類をしてみることです。

六、一つひとつの資料について、どのような記述項目が必要かを検討して、全体の項目を決めます。[※⑨]例えば、

資料No.、ファイルNo.、資料名、区分、内容、内容詳細（保存措置も含む）、時期詳細、形状分類（文書、写真など）、サイズ、保管場所、出所（伝来）、保存年限、公開是非、寄贈・寄託、オリジナル・複製

というような項目が考えられます。

以上、組織の区分けと資料の内容項目が決まったら、ひたすら入力作業を進めることになります。

**実践家の例**

ここで、ある経営史の学者に取材した折りのことを紹介します。[※⑩]この先生は、ある財閥系メーカーの資料整理を研究の一環として請け負われた経験があります。研究材料の足しになるかもしれない、という思いで始められたようですが、実際は論文を書く世界とはまったく別の世界が広がっていました。

取組みの順序としては、

一、まずどの資料が、どこにあるか、おおよその目星をつける。

二、当該会社の職能すなわち、製造、営業、研究、財務・人事・総務という職能にそって資料を区分けして、整理する。それにプラスして、各工場や本社各部門等実際に資料がある場所を加味する。具体的には、縦軸に場所、横軸に職能というマトリックスをつくって整理する。

三、整理の過程で、Aタイプの資料＝全社の動きの分かる決して捨ててはいけない資料とBタイプの資料＝Aタイプを補完する資料とに分ける。さらに、Bタイプのなかでは、全社的動きに関わらないもので、時期が来たら捨ててもいいという資料を、Cタイプとする。

いかにも整然とした作業順序ですが、「二、」のマトリックスを考えるのには随分と時間を要したようですし、「三、」のAタイプ、Bタイプという考えの導入にも幾多の試行錯誤を要したといいます。

先生はさらにこの経験を通じて、以下の結論に達しました。

一、資料収集と目録整理については、それぞれ当該企業なり団体なりの、歴史的な積み重ねの結果である個性があるので、[※⑪]一般的な目録標準というのは、参考程度に考えて、独自のものを作るべきである。

二、その際、その企業のアーカイブの目的は、何なのか、をはっきりさせること、これがぐらつくと、到達点は見えない。

三、資料の「[※⑫]出所の原則」が大事であり、アーカイブの目的は、その組織の再生を担うことであるというが、結果としてそのようになった。

次に目録に記入する際の注意事項について補足しておきます。これらに留意することは、アーカイブの信頼度を高める第一歩となります。

二〇〇七（平成一九）年に大問題となった年金に関する記録では、以下の事例[13]が報告されています。

・名前や生年月日などの入力ミス（単純に読めない、旧姓で管理、転記ミス、数字を丸めるの誤記、漢字カナ変換への依存等）
・項目欄に入金の事実や該当の名前などがそもそも入力されていない
・その項目とは関係のない心覚えのようなメモが記入されていて紛らわしい
・以上の不備を踏まえないまま、名寄せ作業を行ったため、記録が全て統合されていない
・記録の管理の情報が組織に引き継がれていない
・住基ネットなど他のデータベースとの連携が不足している
・システムの改編が、著作権を盾に特定の業者に集中して、ブラックボックス化している
・特にオンライン化以降のデータの誤りに関してのメンテナンスの欠如
・氏名、生年月日、性別、住所などの基本的データの軽視
・個別年金記録の内容の正確性についての監査の甘さ

器作って魂入れず、の見本のような有様ですが、入力者の資質や入力体制、さらには定期的点検が肝要です。特に正確な入力がなされていないために受領金額が減額されたり、はては納めた年金が横領されたりと、目録チェックの精度が老後の死命を制すると言っても過言ではないでしょう。体制を整備して、日々

の確実な入力を行い、さらに項目や内容など目録の定期的なメンテナンスが必要です。

Column

## ワインのラベルとメタデータ

アーカイブ関連の話題のなかで出てくる「メタデータ」という用語、これは専門家でないと近づきにくい言葉かもしれません。

ここでは卑近な例として酒の「ラベル」を見てみましょう。

いま眼前にスペイン産の輸入赤ワインが置いてあり、二つのラベルが貼ってあります。一つの方は、まず商品名（ブランド名）、ぶどうの品種名、ワインの品種名（地図で原産地も表示）がスペイン語で載っており、もう一枚では、日本語での商品名が示してあります。こちらのラベルでは以下、

品名：ワイン
内容量：七五〇mℓ
アルコール分：下部に記載
原産国：スペイン
　酸化防止剤（亜硝酸塩、ビタミンC）含有
輸入者：○○○○（株）
　東京都○○区○○

取引先：○○市○○○
お酒は二〇歳になってから。
飲酒の諸注意が二つ
とあり、下の方にはスペイン語で、生産者の会社名、赤ワインであること、その量、アルコール分の表示、そして最後にバーコードが載っています。
これで、このワインのメタデータとしては過不足のないものとなっているのでしょうか。ワイン通の方に聞いてみたいところです。
最近では、ウナギの原産地虚偽表示が問題になり、一方では、「わたしが作りました」など生産者の写真入りのメタデータもお目見えするようになりました。
メタデータは、信用や売れ行きにも大いに関わる存在になっています。

## 作業手順―アナログ資料アーカイブ

### 分散している資料を一箇所に集める

どのようなところに、どのような資料があるのか、おおよその見当がついた時点で、専用の資料室を設けることになります。

求められる資料室の環境としては、温度、湿度がそれぞれ二五℃・五五％程度が常時保てること、直射日光がカットでき、資料の量に見合う什器類や棚、作業机、さらに作業のスペースが確保できていることなどが挙げられます。空調設備のない地下倉庫の資料室も時折見かけますが、夏冬の作業性が著しく殺がれて感心しません。また蛍光灯は紫外線を発し資料の色あせを促進しますので、紫外線をカットする蛍光灯に換えるなどの配慮も必要です。[※⑭]

**内容精査、目録作成**

次に、資料の内容把握と保存措置に移るのですが、前項で紹介した目録の体系をどのように実践していくかがポイントになってきます。

内容も区々、材質も区々、大きさも区々、保存状態も区々の資料群を前にして、途方に暮れることが予想されます。一点一点の資料を丁寧に見ることによって、初めに作った目録体系＝グランドデザインに修正を施し、より使い勝手の良い目録にしていきます。

ファイルやファイルボックス、封筒に何種類かの文書が綴じ込まれている資料が必ず出てきます。アーカイブでは出所の原則、原形保存の原則（157ｐ参照）と言いますが、注意すべきは、検索時のヒット率を高めるためにも、これらをバラさずにファイル単位ではなく、一点一点の目録を作成し、また元に戻しておくということが肝心です。

## 保存形態の検討と保存措置

次にそのファイルの中身に移りましょう。

茶封筒に入った書類や、裸のままダンボール箱などに収納されている書類は、そのままでは、劣化が進みますので、中性紙製の封筒やクリアファイルに入れます。

文書がホッチキスやクリップで留められていて錆びている場合は、それをはずしてバラバラにならないように、糸で綴じたり、必要に応じてステンレス製または被膜付のクリップで綴じ直します。酸性紙と思われる厚紙によって表紙が付けられていたものはこれを外し、中性紙の厚紙で表紙を付け直すなどの配慮も必要です。タイトル等はマジック、ボールペンは劣化の原因になるので、鉛筆か墨書きがよいとされています。

劣化が進行している資料、および今後劣化の恐れがあると判断される資料については、数枚ごとに薄手の保護紙を挟み込み、全体が弱アルカリ性になるようにします。

虫食いの箇所は、リーフキャスティングという方法で補修します。これなどは専門家に是非相談したいところです。

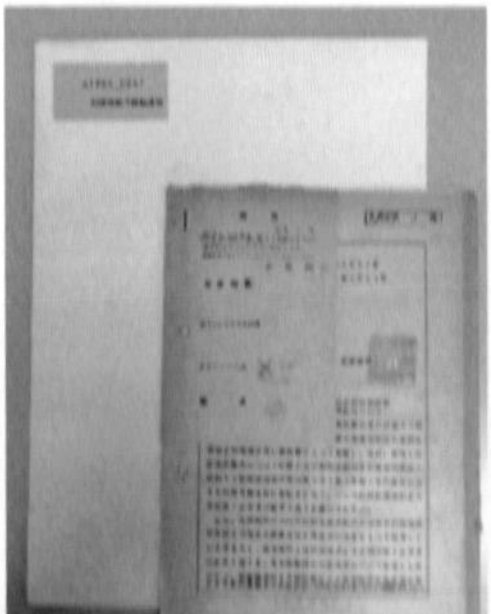

文書1点ごとに１枚の中性紙製封筒に収納

中性紙製文書保存箱の例

最後に箱詰め、配架に移ります。保存性のある中性紙の封筒・段ボール、紙製のボックスファイルでの収納が望ましいと言えます。資料の形態や適性に応じて保護紙や用品を選ぶことが重要です（121ｐ写真）。

**バックアップ作業**

次に、実物資料のバックアップです。ここでは、マイクロフィルム化とデジタル化につき説明します。このデジタルの時代になぜマイクロフィルムなのか、いぶかしく思われる方も多いのではないでしょうか。しかし、マイクロフィルムの長期保存性や法的証拠性、規格の統一性等の記録材料としての良さが改めて見直されてきており、文化遺産の大量保存やイメージの情報のデータベースとして新たな利用も盛んになってきております。

例えば会社設立時の重要文書のうち、ザラ紙など劣化の著しいもの、有価証券報告書、営業報告書、社内報などのバックナンバーなどが対象になります。

デジタル化については、文書のスキャニングとＰＤＦ化、ＯＣＲによるテキスト抽出が挙げられます。

**写真類の整理・保存**

ここでは特に写真類の整理・保存について考えてみましょう。

＜アルバムに入った紙焼き写真＞

そのままの形で一冊ごとに管理するのが最適です。ある程度密封性があるため、温度・湿度や埃の影響も最小限にとどめることができます。

＜バラの紙焼き写真＞

一枚ずつショーレックスとよばれる乳白色のポリエチレン袋に入れて保存します。付箋などの紙片に情報を書き込んで、裏面に貼付しておくと、あとの整理が楽です。

＜ネガ・ポジフィルム、スライドについて＞

専用アルバムや箱に入っているものは、そのままの状態で管理します。温度や湿度の変化に弱いので、箱に入れて冷暗所に保存することをお薦めします。インデックスなど資料情報のないものについては、はやめにプリントとつきあわせたり、関係者に問い合わせたりして「いつ」「どこで」「誰が」撮ったものか特定し、メモを付けておきます。

ネガやポジのままでは、内容を肉眼で判断するのは難しく整理の際に不便ですので、そのままの大きさで印画紙に焼き付けた「ベタ焼き」をつくっておくと良いでしょう。接写・スキャンなどによってデジタル化するのも一方法です。

また、事業所新築時の写真など、プロに撮ってもらった四×五判、六×六判などの写真は、「デュープ」とよばれるフィルムの複製を作り、外部へ貸し出しの際などには、そのデュープを使うようにすると、損傷や紛失など不測の事態に備えることができます。

保管にあたっては、温度と湿度管理が重要です。高温高湿度の環境下では退色等の劣化が進行し、場合によっては複数の写真が接着したり、カビが生えたりするため、ショーレックスに入れたうえで中性紙封

筒等に入れ、適切な保存箱等に納め、空調管理された場所で保存することをおすすめします

## 映像・録音テープの整理・保存

皆さんの職場には、一六ミリ・八ミリフィルムやオープンリールテープ・カセットテープなどが何の保存措置もされずに大量に残っていませんでしょうか。進行するフィルム・テープ自体の劣化も心配の種ですが、フィルムの種類によっては、自然発火します。加えて画像や音声が消失寸前のものもあり、これでは内容は不明のままになってしまい、緊急の手当が必要です。

手段としては昔の再生機械にかけ、内容を確認した後、アナログデータを電子化し、最新のメディアにデータコンバートすることです。これによりいつでもパソコン上で画像や音声が再生できるようになります。もとの資料は湿度を自動調節できるドライ・キャビネットなどに収納するのが更なる劣化を防ぐ手立てです。

新たな媒体はデジタルデータですので、データそのものの劣化の心配はひとまずありません。またコピーや加工が容易に行えますので、複数の人で共有したり、編集してライブラリーを作ることも可能です。

Column

## わざの伝承

団塊世代の一斉退職のいわゆる二〇〇七年問題で、ものづくり（ハード）の技能が受け継がれなくなる、ということで各メーカーともその対応に追われる一方、いわゆる「ソフト」技能の伝承というものに関しては、およそ手当がなされていない、と言えます。[※15] 囲碁などの世界では全人的修練の住み込み徒弟制度が見直されたり、伝統芸能におけるわざの伝承が多くのヒントを与えてくれています。

シャープでは、日本が二一世紀の産業をリードしていくためには、日本発の独自技術の創出が不可欠、それには単に最先端技術を追い求めていくだけでなく、現在の地位を作り上げてきた技術風土たる「設計知」を受け継いでいくことが大切と主張し、もの作りは人作り、というコンセプトのもと、「モノづくり塾」を一九九七（平成九）年に開設しました。face to face にて伝授する、そこが「塾」とした所以という。さらに、ノウハウをマニュアル化（A４・四〇〇〇p）しています。

アウトプットされたものの伝承は勿論大事ですが、人に属する「技能」の伝承、とくにソフト技術の伝承と活用がいま求められています。

# 作業手順―デジタル資料アーカイブ

## ボーンデジタルのこと

私たちの会話のなかでよく、「デジタルアーカイブ」という言葉がでてきますが、これには二つの意味があります。まずは整理のためにこの二つの意味を押さえておきましょう。

第一に、従来手書きなどで作られたアナログ文書や写真・絵画等、あるいは今となっては読み取り不能のデジタル文書のデジタル化を指す場合。これを「ターンドデジタル（Turned Digital）」と呼んでいます。

第二に、現在使用しているＷＯＲＤ、ＥＸＣＥＬといったコンピュータソフトによって作成されたもの、あるいは電子メールやインターネット等いわば、生まれながらのデジタル文書、いわゆる「ボーンデジタル（Born Digital）」のアーカイブ化を指す場合。

話のなかで相手は、前者の内容のデジタル化を言っているのか、後者のボーンデジタルの保存をいうのか、時に曖昧なことがあります。

特に、このボーンデジタルは、記録媒体が環境の変化の影響を受けやすい、媒体寿命が短い、書籍と違って直接見たり読んだりできないなどの特性を有しており、デジタルデータを生み出した、ソフト・ハードの陳腐化によって判読不能になることが現に起きており、[※16] 将来もそのような事態の招来が十分予想されます。定期的なバックアップ、新しいシステムに乗り換えるマイグレーション（データ移行）が必要とされる所以です。

本項では、後者の意味におけるデジタルアーカイブ、通常はパソコンやサーバ内、フロッピーやCD、DVDに収納されている電子データの整理・保存について述べます。

### メタデータを入力する

一般に紙の文書は、それを見たり読んだりすることによって、だれが、何時、どのような目的で書いたのかが分かります。一方、電子文書は、パソコンの画面や紙に出力しない限り、それ自体では見ることができません。もし数年経って、この電子文書がアーカイブに移管されることになったら、付されたタイトル名だけで該当の文書を類推し探し出さざるを得なり、時間ばかり掛かってしまい非効率この上ないでしょう。

またアナログの文書や写真・動画などであれば、作成され使用に供された後、時間が経っても「実物のモノ」として残る、という保証があります。デジタルデータは、システムの寿命の問題、機能変更の問題などの理由から現代の技術革新の速度では、一般的には五年以上保存できれば良いともされています。あるいは、理由のよく分からない突然のクラッシュやウィルスの攻撃により、データが消失したりすることは読者の皆さんも一度ならず経験されていることと思われます。

これらの課題を解決するためにも、誰がいつ、どういう目的で、どういう状態で文書を作り、どのような経路をたどったのかの文書についての情報が重要になってきます。具体的には電子文書の標題、作成者、作成日、記録媒体、フォーマット、フォーマット変換日等のメタデータ※⑰を文書作成時から記録しておくことがアナログ文書以上に求められます。

**まずは、パソコン、サーバ内の整理から**

現在、どの職場でも業務で使用するほとんどのデータは、共有ファイルサーバ内におかれており、分類ごとに階層管理が行われています。フォルダ数、ファイル数とも膨大な数に及んでいます。

ファイルを管理する階層型のディレクトリ構造は、それを作り上げ、利用している人には便利なものですが、例えば他の組織から移ってきた人には、全体の構成から内容を類推しなくてはなりません。文書が個人単位の管理になっており、組織として管理すべき、「組織文書」になっていないのです。どのファイルをどこに保存する、というルールが徹底していないと「迷子」ファイルが出てしまい、扱う人によって入れるフォルダが違うなどということも読者の皆さんは経験しておられるでしょう。

層の上下関係にも、コンピュータの機能上は意味がないことから、近年では、すべてのファイルをCドライブなどの直下におく、という原則を定めている企業もあります。

いずれにしても、いたずらに階層を深くし、フォルダを細分化させることは、管理を煩雑にし、検索の手間を増やすだけで、あまり得策とは言えません。

共用フォルダについては、層は大分類―中分類―小分類の三層までにおさえてフォルダも過度に細分化しないことが求められます。三層とは、たとえば経営―株主総会―株主名簿とか、技術―○○製品―ラボノートというような層の分類に相当します。

## セキュリティ体制の構築

サーバ内のフォルダ、ファイルの管理体制も、例えばファイルの命名ルールを定めるとか、共用フォルダについては、管理者以外が作成・書き換え・削除することを禁止するなどの見直しを図らねばなりません。

ＩＳＭＳ（Information Security Management System）によるＩＳＯ２７０００の認証を得ている職場も多いと思われますが、情報漏洩やウィルス感染防止をはじめとするセキュリティ体制の構築も欠かせません。

＜ログインＩＤによるアクセス制限＞

Windows Server のアクセス制御機能を使って、フォルダ毎に、ログインＩＤを使って個人別にアクセス制限をかけることが可能です。レベルもフルコントロール、変更、読み取り、のいずれかをそれぞれ設定することができます。

経理関係のフォルダは、経理担当以外の一般社員にはアクセスできない、各種書式には誰でもアクセスできるが、特定の社員以外書き換えはできない、といった設定が可能です。

＜文書ごとのアクセス制限＞

ＷＯＲＤ、ＥＸＣＥＬでは、「保護」機能を使って、文書ごとにセキュリティを設定することが可能です。

書き換え不可にしたり、変更履歴を残すようにしたり、また「パスワード」がないと文書が開けなくすることが可能です。

＜物理的な漏洩対策＞

データそのものへのアクセス制限と同時に、社内データの外部流出を防ぐ手立てを講じる必要があります。

サイズが小さく、ハードを選ばず、コピーが容易なＵＳＢメモリによる情報漏洩やウィルス感染事故があとを絶ちません。家庭のパソコンのウィルス感染に気づかず、会社のパソコンに被害が拡大するパターンが数多く報告されています。

・私物のパソコンの持ち込み、接続を禁止する
・フロッピーやＣＤ‐ＲＯＭ、ＤＶＤの使用・持ち出しは申告制とする
・ＵＳＢメモリは、ウィルスチェック機能および暗証番号が必要なセキュリティ機能のついた会社備品を用意し、それ以外の私物などは、接続を禁止する

といった対策が考えられます。

さらに電子メールやウェブ・メール、オンライン・ストレージなどの、インターネットを通じた情報流出やウィルス感染対策も重要です。

物理的に障壁を設けても、ネットを介してのデータ送信やウィルス感染には無力です。ネットにはさまざまな「抜け道」があり、現実的に「管理」は容易ではありません。

・すべてのPC端末について定期的に強制ウィルスチェックを行う
・メールのデータをすべてバックアップする（メールアーカイブについては、203p参照）
・特定のサイトについてのアクセスを制限する
・インターネットへのアクセスを常時監視する
といった対策が考えられます。

**特に重要なバックアップ体制**

電子文書の寿命の短さについてはもう何度も述べてきました。そこで紙やマイクロフィルムなどの非電子媒体に変換して保存することが第一に考えられます。ところが、電子文書には表計算ソフトやデータベース、ハイパーリンクなど様々な情報が埋め込まれており、動画や音声のデータに至ってはそもそも変換自体ができません。また今後の検索の便や保存スペースのことを考えねばなりません。そうなると保存[※18]は、基本的には電子媒体のまま行うことが適当ではないか、と言われています。

しかしながら一方では、システムの寿命の問題、システムの機能変更の問題などの理由から大半の場合、記録[※19]を作成したシステムとは別個に記録を抽出して保存しなければならないこと、定期的なマイグレーションが必要であり、この費用も馬鹿にならないことなどもあり、予断を許しません。

確実に言えることは、保存方法を一つに絞るのではなく、保存すべき文書の特性をよく見極めて対処することが肝要と思われます。

アナログ資料のアーカイブと違って、電子文書の管理手法は未だ確立されていないという段階であり、体系的な手法がまだ無い、ということを私たちは認識すべきです。

以下に対処方法を列挙します。

・紙に残す
・マイクロフィルム化
・CD、DVD、ブルーレイ、HDDにコピー
・USBにコピー
・テキスト化、XML化
・PDF化
・最重要データは汎用の拡張子であるDAT、DVDなどに格納して外部倉庫などに保管する
・サーバデータのバックアップを外部サーバ[※20]にとる

留意事項としては、
保存の媒体関連では、
・電子記録媒体を複数作成し、劣化や破損に備える
・保存期間に応じた強度を有する電子記録媒体を選択する
保存形式としては、
・バックアップデータと原データを混同しない

・改竄及び消去の防止策が採られている
・不正アクセスの防止策が採られている
・再現装置の維持、メンテナンスを行う
・再現のためのマニュアルを整備する
などが挙げられます。

Column

## インターネット上の情報はアーカイブできているか?

自分の好きなインターネット上のサイト（ホームページ）の過去の内容はどのようなものだったのだろうか。このような疑問や関心を持たれた方も多いと思います。サイトは日々どんどん更新され、いったん更新されてしまうと前のページはもう見ることができないからです。

米国の「インターネット・アーカイブ（Internet Archive）」は、WEB・マルチメディア関連資料のアーカイブを運営している団体で、本部はカリフォルニア州に置かれています。この団体では、Way Back Machineというエンジンを使って過去のサイトを保存しており、過去のページを見ることができます。

試しに、本書の版元、出版文化社のURLを入れると、一九九八年七月を皮切りに二〇〇九年四月までのその時々、およそ一〇六が一覧表に出て、内容を確認することができます。

一方、わが国では、国立国会図書館がインターネット情報選択的蓄積事業を運営しています。インターネット上に無料で公開される学術雑誌、紀要などのほか、自治体の広報誌やメールマガジンなど一六〇〇タイトル以上を収集しており、さらに、冊子体での刊行を停止し、現在ではWEB版のみの発行となった雑誌も重点的に収集しています。

消失したサイトというページもあり、市町村合併により消滅した自治体や合併協議会、電子雑誌、法人・機構、大学などのデータが蓄積されています。合併でなくなったふるさとのサイトを覗いてみるのも一興かもしれません。

海外では、米国や英国、オーストラリアの公文書館や議会図書館、韓国、台湾の中央図書館、大学図書館がこの事業に精力的です。

二一世紀初頭は、デジタルの保存方法が確立されておらず、一〇〇年後には、「記録の暗黒時代」と言われるのではないか、という懸念があるようですが、このような取り組みは頼もしい限りです。

## 作業手順―仕上げ、整理再配置、メンテナンス

ラベル作成、ラベリング

資料に貼付するラベルの作成とラベリング作業をすることで最後の仕上げとなります。

す。ラベルには、最低でも資料ＩＤと資料名を入れ、新たに用意した封筒やファイル、段ボールに貼付します。ラベルには前に付けた目録の№などが残っていれば、後の検索の参考までにそれも添付しておきます。

**廃棄予定文書の廃棄**

今までは「保存」を主に説明してきました。ここで、「廃棄」の課題にいよいよ取り組まねばなりません。殆どの資料室がスペースの確保もままならないという現状では、何を残して何を捨てるかの判断を日々迫られることが容易に予想されます。このことは、文書類の法定保存年限や文書管理規程とも関連することですが、本項では主にセキュリティ上の問題について述べてみます。

ある区役所で文書の廃棄について聞いたところ、まずは駐車場を仕切り、覆いをつけ、裁断車で裁断し、その後溶解にかけている、とのことでした。役所の文書は個人情報の塊と言いますから、このような措置が相当でしょう。一方、企業や学園でも秘密案件は少なくないはずで、注意を要するところです。

廃棄の原則としては、

・あらかじめその所属部門の管理者の許可を得る
・廃棄日、廃棄方法を記録する
・廃棄業者は機密保持等実績があり信頼のおけるところに発注し、業務委託契約等万全を整える

などが挙げられます。

## さらに念を入れて保存

〈新しいキャビネットへの移し替え〉

アナログ資料の保存措置で一息ついたところで、もう一回資料を見渡してみましょう。ポジ・ネガフィルム、ビデオテープ、CD等記憶メディアの類、アナログ・デジタルカメラ、レンズ、半導体などは湿害に弱く、カビ等が発生しやすい製品です。貴重品などに念を入れるならば、これらを湿害から守る防湿庫（ドライ・キャビネット）への収納も考えたいところです。

〈保管倉庫の手配・搬入〉

自社の資料庫だけでは心許ない場合は、ドキュメント専門の倉庫会社のトランクルームへの収納をお勧めします。機密性、耐火、耐震、警備システムに一層の威力を発揮してくれています。また、温度や湿度を二四時間三六五日管理している美術品倉庫であれば、なお万全です。

## マニュアル作成

今後の資料の受け入れや目録への記入、保存措置、閲覧、貸し出し、複写などのレファレンス対応に関するマニュアルを作成します。

併せて、このアーカイブを今後どのように運営していくのか、特に社内外への公開や発信をどのように考えていくのか、のおおよその目処を立てることも必要になってきます。

## メンテナンス

＜定期巡回・コンサルティング＞

外部のアーカイブ関連業者との協働で行ったら、その後の定期的な巡回や[※㉑]コンサルティングを受けることになります。さらなる連携が必要となります。

＜文書管理システム導入検討＞

アナログ、デジタルの現用文書からアーカイブに至る流れを本格的に考えるなら、市販の文書管理システム（アプリケーションソフト）を参考に、当該アーカイブに一番適したシステムを検討します。ここで気をつけなければならないのは、市販の文書管理システムはほとんどの場合、現用文書の運用と管理に特化しており、[※㉒]アーカイブ的な観点が薄いことです。これからは、所管部署とアーカイブの連携が望まれます。

＜資料室（館）の開設、拡充＞

アーカイブ整備を契機に、先行他社のアーカイブの評判や運営状況を参考に社外への公開を視野に入れた資料室（館）の開設、拡充も視野に入れましょう。

Column

## ビデオをDVDに変換したら、ビデオは捨ててもいいか

「廃棄」について卑近な事例を挙げてみます。

私事で恐縮ですが、今回この原稿の「目録」の項を書くに当たって（117p参照）、ビデオ（VHS）にとっておいたある番組を再度確認しました。確認といっても、ビデオ再生機材はすでに捨ててしまっているので、ちょうど娘が自分の持っているビデオをDVDに焼く作業をしていたので、私のものもDVDに焼いてもらい視聴したというわけです。

娘は、変換した後のビデオを何のためらいも無く捨てていましたが、私の方はそれを含めて二〇数本のビデオをどうしたものか迷いました。というのも、実家には、娘が前に見ていたビデオ内蔵型のテレビがあることを思い出したからです。変換したからといって場所をそんなに取る訳でもないし何も捨てなくとも、という思いがよぎりました。一方で、ビデオで再現する機会というのはあるのだろうか、という思いもよぎり、さらに実家のテレビもいつまで置いておくのか、ということも懸念されます。

廃棄というのは、いろいろな要素が絡み面倒なものだとこの件でも思い知らされました。問題を整理すると、

・DVDに変換したが、この媒体の寿命も一〇年程度と言われる
・ビデオは再生の機器がなければ何の役にも立たない
・再生のための機器も寿命は分からない。一旦故障すれば、新規購入と変わらないほど費用がかかることもある

・ビデオの保存場所と環境がきちんと確保できるか

などが挙げられます。

当時は大事と思って録画したものではあるが、そもそも残しておいてどのくらいの価値があるのか、という思いもよぎりました。

廃棄に関して、おおよそこれらを勘案して結論を導くことになるのでしょうか。個人はいざしらず、組織での廃棄となるともっと検討を要し慎重にならざるを得ないでしょう。

今回、わたしの結論は結局、「捨てる」ことにたどり着きました。

## コストとスケジュール

### コストについて

いままでアーカイブ構築の作業手順を一通り見てきました。では一体それらの作業でどのくらいの費用がかかるのでしょうか。今後の上申のために予算を押さえておきたい、この内容について是非作業をしておきたい、内部で人が割けないので大方は外注にならざるを得ないが…等々、いずれにしてもコストが気になるところです。ここでは、基本的な考え方を押さえておきましょう。

アーカイブの作業は、内部で専任の担当者を置いても、外部のアーカイブの専門業者との協働作業となる場合が多いものです。アーカイブ専門業者の作業内容と見積りの体系について表を添付します（図表3-2）。

料金については、状況によって幅があり、ズバリの数字という訳にはいきませんし、企業秘密などもあり、情報は伏せざるを得ません。

また、筆者がかつて、これからアーカイブに取りかかりたいという学園に提出した見積りの考え方について、参考まで144p以下に掲げます。ただしそれぞれ後半部分に入っていた値段提示については割愛しています。作業内容の参考にしていただければと思います。

| 作業内容 | 単価 | 数量 | 計 | 備考 |
|---|---|---|---|---|

## ▽A コンサルティング

(A-1) 企画費

| | | | | | |
|---|---|---|---|---|---|
| 作業 | 企画費(一式) | | | | 全体規模、難易度等により増減 |
| | コンサルティング | | | | 調査実施と報告書作成 |
| | 概要調査 | | | | |

## ▽B 資料整理

(B-1) 分類、データ入力、目録（データベース）作成

| | | | | | |
|---|---|---|---|---|---|
| 作業 | 資料分類作業 | | | | 個別、吟味検討を伴う作業 |
| | データ入力作業 | | | | 個別、吟味検討を伴う作業 |
| | 目録作成作業 | | | | 個別、吟味検討を伴う作業 |
| | 目録·データベース設計 | | | | ごく簡単なものはコンサルティングに含む |
| | 法定保存文書保存期間·満了年等追記 | | | | オプション |

(B-2) ラベリング、ファイリング、配架、収納作業

| | | | | | |
|---|---|---|---|---|---|
| 作業 | ファイリング作業 | | | | 予め決められたルールに沿った単純作業 |
| | ラベリング、インデックス貼付作業 | | | | 予め決められたルールに沿った単純作業 |
| | 配架·収納作業 | | | | 予め決められたルールに沿った単純作業 |
| | | | | | |

(B-3) マイクロフィルム化

| | | | | | |
|---|---|---|---|---|---|
| 作業 | マイクロフィルム撮影(コマ) | | | | 資料お預かりのうえ作業 |
| | | | | | |
| | | | | | |

(B-4) PC内データ整理

| | | | | | |
|---|---|---|---|---|---|
| 作業 | PC、サーバ内データの整理 | | | | アーキビスト、またはSEによる作業 |
| | | | | | |
| | | | | | |
| | | | | | |

(B-5) 文書管理規程作成

| | | | | | |
|---|---|---|---|---|---|
| 作業 | 調査、調整、文書作成 | | | | 全体規模等により増減 |
| | | | | | |
| | | | | | |

(B-6) 資料の一時お預かり（倉庫紹介）

| | | | | | |
|---|---|---|---|---|---|
| 作業 | 段ボール箱(1個/月) | | | | 定温定湿度倉庫　デリバリー代金は別途 |
| | | | | | |
| | | | | | |

(B-7) 資料の廃棄処分（処分証明付）

| | | | | | |
|---|---|---|---|---|---|
| 作業 | 紙(10kg) | | | | 溶解証明付 |
| | 金具、プラなどを含む(10kg) | | | | |
| | 家具、什器などを含む(10kg) | | | | |

**図表3-2：アーカイブサポートメニュー**

| | 作業内容 | 単価 | 数量 | 計 | 備考 |
|---|---|---|---|---|---|

## ▽C 資料のデジタル化

(C-1) スキャン・PDF化, OCRによるテキスト抽出

| | | | | | |
|---|---|---|---|---|---|
| 作業 | スキャン・PDF化 | | | | |
| | OCRによるテキスト抽出 | | | | |
| | テキスト校正(文字) | | | | |

(C-2) 画像・映像・音源のデジタル化

| | | | | | |
|---|---|---|---|---|---|
| 作業 | 35mmポジ(1コマ) | | | | |
| | 35mmネガ(1コマ) | | | | |
| | 6×6,4×5ポジ(1コマ) | | | | |
| | 6×6,4×5ネガ(1コマ) | | | | |
| | 8mm,16mm,35mmフィルム | | | | |
| | ビデオテープ(VHS/ベータ) 60分 | | | | |
| | オープンリールテープ 20分 | | | | |
| | カセットテープ 20分 | | | | |
| | レコード 20分 | | | | |
| | 紙焼き写真 | | | | |

## ▽D 資料の保存と活用のための作業

(D-1) 保存・展示環境の科学的調査

| | | | | | |
|---|---|---|---|---|---|
| 作業 | 環境調査(一式) | | | | 温湿時記録計、照度計、<br>紫外線計測器などによる調査 |
| | | | | | |
| | | | | | |

(D-2) 保存措置

| | | | | | |
|---|---|---|---|---|---|
| 資材 | 保存箱 | | | | |
| | 中性紙製資料保存用封筒 | | | | |
| | 薄葉紙 | | | | |
| | インデックスラベル/見出し用紙 | | | | |
| | 什器(展示ケース、ロッカー、キャビネット) | | | | |
| | 什器(ファイル、フォルダ、資料封筒) | | | | |
| | | | | | |
| 作業 | 保存計画立案 | | | | |
| | 紙裁断・箱の作成 | | | | |
| | 適応、収納作業 | | | | |

(D-3) 撮影

| | | | | | |
|---|---|---|---|---|---|
| 作業 | 半日　4時間 | | | | 交通費は別途 |
| | 1日　8時間 | | | | 交通費は別途 |
| | | | | | |

(D-4) レプリカ(模型)作成

| | | | | | |
|---|---|---|---|---|---|
| 作業 | 単品 | | | | |
| | 建物模型、情景 | | | | |
| | | | | | |

| | 作業内容 | 単価 | 数量 | 計 | 備考 |
|---|---|---|---|---|---|

(D-5) 歴史的資料・外国語資料等の解読・翻刻

| | | | | | |
|---|---|---|---|---|---|
| 作業 | 古文書(400字) | | | | |
| | 英語(1word) | | | | |
| | 中国語、ドイツ語、スペイン語(1word) | | | | |

## ▽E 資料館運営補助

(E-1) 展示評価・改善提案の作成添付

| | | | | | |
|---|---|---|---|---|---|
| 作業 | 展示評価・改善提案書作成 | | | | 環境調査を含む |
| | | | | | |
| | | | | | |

(E-2) 展示パネル作成

| | | | | | |
|---|---|---|---|---|---|
| 作業 | A0判　フルカラー | | | | 企画・デザイン料含む。フレームは別途 |
| | | | | | |
| | | | | | |
| | | | | | |

(E-3) 資料室マニュアル作成、資料室案内作成

| | | | | | |
|---|---|---|---|---|---|
| 作業 | 調査、調整、文書作成 | | | | 全国規模等により増減 |
| | | | | | |
| | | | | | |
| | | | | | |

(E-4) アーカイブ関連のHPの内容見直し

| | | | | | |
|---|---|---|---|---|---|
| 作業 | 調査、調整、コンテンツ作成 | | | | 全国規模等により増減 |
| | | | | | |
| | | | | | |
| | | | | | |

(E-5) パンフレット、展示図録、ガイドブックなどの作成

| | | | | | |
|---|---|---|---|---|---|
| 作業 | 例)A4判両面<br>フルカラー1,000部 | | | | 企画・デザイン料込み |
| 作業 | 例)A4判4ページ<br>フルカラー1,000部 | | | | |
| 作業 | 例)A4判36ページ<br>フルカラー1,000部 | | | | |
| 作業 | 例)B5判200ページ・<br>ソフトカバー1,000部 | | | | コンテンツ作成は含まず |

一、立ち上げのコンサルティング・調査レポート作成

アーカイブの立ち上げ方、運営の仕方のコンサルティングやレポート作成を請け負います。

二、アーカイブ関連の企画立案、作業、施工

・資料整理

分類、仕訳、目録作成から箱詰め、配架、廃棄などを請け負います。分類や目録作成の企画などは、専門の知識と経験を有するアーキビストが担当し、作業は専門の教育を受けたアーカイブのいわばエディターが請け負います。

・資料のデジタル化

八ミリや一六ミリの映像フィルム、カセットやオープンリールの音源磁気テープ、VHSビデオテープなどの音源・画像をデジタル変換します。必要に応じて、補正・修復も行います。

・資料の保存・活用のための作業

古い資料は、劣化を防ぐための保護措置を施す必要があります。また、閲覧や展示のためには複製をつくることも求められます。学芸員有資格者による点検、評価、保存計画の立案、保存作業、複製の作成、活用のための提案なども有効です。

・資料室・館開設、運営補助

学宝や歴史的資料群をひろく公開し、学園の歴史と伝統を、学生や教職員はもちろん、受験生や社会全般にアピールしていこうという動きが広まっています。各種の資料群をどのように構成して、どのように

見せるかは、専門的知識・ノウハウが必要です。展示関連の業者とも提携して、その学園に最もふさわしい資料室・資料館の開設のサポートを行います。また、開設後も、定期的にアーキビストが巡回指導するなどして運営のサポートをします。

三、継続的なコンサルティング

例えばアーキビスト一名が週一日詰めるなどの方策があります。

さて肝心のコストですが、一般的に予算の目安としては、以下の条件で考えられたらいかがでしょうか。

・アーカイブの方針（規模、予算）
・小単位のもの（例：過去の社内報や営業報告書のデジタル化）
・中単位のもの（例：資料庫の保存手当や写真・文書類のデジタル化）
・大規模なもの（例：コンサルティングも含めた資料庫全ての整理・保存手当・デジタル化）

小単位でしたら、
　三〇〇万円〜二〇〇〇万円程度
中単位でしたら、
　二〇〇〇万円〜五〇〇〇万円程度
大規模なものであれば、
　五〇〇〇万円〜一〇〇〇〇万円程度

が相場かと思います。

　専門の業者に相談して進めていただきたいところです。

## スケジュールについて

　前項のコストで紹介しました学園の場合について、一年程度のスケジュールを考えてみましょう（図表3-3）。

　スケジュールを立てる際に注意すべきは、アーカイブの什器・資材などは多岐にわたり、とても一社では全てを網羅することはできません。それぞれ専門性があり、また注文があってから製作するというものもあります。これら製作期間も事前に確認して日程を押さえておきましょう。

　また、アーカイブの分野はこれまでも指摘した通り、わが国では緒についた段階でもあり、専門性は、これから実践を踏んで深化することと思われます。その意味でも作業者・アーキビストに余裕のあるスケジュール作りを目指したいところです。

| 作業内容 | | 1 | 2 | 3 | 4 | 5 | 6 | 7 | 8 | 9 | 10 | 11 | 12 | ／月 |
|---|---|---|---|---|---|---|---|---|---|---|---|---|---|---|
| 立ち上げのコンサルティング・調査レポート作成 | | ■ | ■ | | | | | | | | | | | |
| アーカイブ関連の企画立案、作業、施工 | 資料整理 | | | ■ | ■ | | | | | | | | | |
| | 資料のデジタル化 | | | | | ■ | ■ | ■ | | | | | | |
| | 資料の保存・活用のための作業 | | | | | ■ | ■ | ■ | | | | | | |
| | 資料室・館開設・運営補助 | | | | | | | | ■ | ■ | | | | |
| 継続的なコンサルティング | | | | | | | | | | | ■ | ■ | ■ | 以降順次 |

**図表3-3：アーカイブの作業スケジュール**

Column

## 和紙と翻刻

古文書などを扱う方は、翻刻《ほんこく》という言葉はよくご存知だと思いますが、専門外の人には聞き慣れない言葉のようです。

古文書などに崩し字で書かれた文献を楷書になおしてテキスト化することですが、前職にあったとき、そのような需要も少なからずありました。

第二次大戦終結から二〇一一（平成二三）年で六六年が経ちますが、戦後の資料でも簡単に読み下せるものではありません。先日も、ある学園の昭和二〇年代の文書を見る機会がありましたが、旧仮名遣いや旧漢字、略字や異体字が交じっておりすらすら解読できるものではありませんでした。紙も粗悪で虫食いもあり、手当が必要と感じました。

以前、九十九里地方の神主に代々伝わる三〇〇年ほど前の免許皆伝状を見せていただいたことがありましたが、こちらは紙もしっかりしていて墨痕も鮮やか、昨日書かれたような印象さえ持ちました。県史編纂のため県の文書館の方が来られてその場で書き写していかれたとのことでした。

和紙は長期保存に適していると言われます。その理由の一つに、紙を酸性化させる硫酸アルミニウムを使っていないことが挙げられます。一方、洋紙の多くはペン先のインクのにじみを抑えるために硫酸が入っていて、酸性になるといいます。一九八〇年ごろ、「百年後、本はボロボロ」とかショッキングな見出しで新聞紙上に大きく取り上げられたことを思い出します。

昔の和紙に書かれた文字は、先人の知恵で無事に残り、翻刻されて今に蘇るということを改めて認識するとともに、西洋より東洋の方が、紙の文化でははるかに先を行っているのでは、という印象を持ちました。

## できるところから始めよう—中堅、中小のアーカイブ

今までアーカイブの作業手順を説明してきましたが、自社で、これらを本格的にやるとなると果たしてトップの了解が得られるかどうか、すぐ費用対効果を言ってくるのではないか、経費節減で金のかかることは一切やるなと言われているので等々、導入にはなかなか厳しいものがあると思われます。

特に大企業ならいざ知らず、中堅どころの台所事情は、それどころではない、という声もよく聞きます。よしんば認められたとしても、「さて何から手をつけたらよいのだろうか」という溜息が聞こえてきそうです。最新式の棚が入り、古い資料が整然と整理され、検索語を入れたら求める資料がパソコン画面にすぐ出てくる、といった場面を思い描きながらも、それを実現するための費用と時間を考えると、どうも手が付けられない、というのが実情のようです。

はじめから、すべての資料を完璧に整理することは容易ではありません。まず手始めに、資料整理ができていないためにぶつかる「一番困っていること」の解消を図ってみてはいかがでしょうか。

以下、実際の作業例で見ていきましょう。これなら、自社でも導入できそうだ、という事例も多いのではないかと思います。

## 社内報の電子化、マイクロ化

あるメーカーは、社内報の電子化を行っています。過去五〇年間、六五〇冊にわたる社内報を全ページ、スキャンし画像（ＰＤＦ）として保存しました。さらに、発行年月日、タイトルなどに加えて内容も読み込みキーワードを抽出して総目録を作成しました。同じような試みはあるテレビ局労働組合でも年史作成と併せて行いました。

わが国の社内報は経営資料として一級品です。特に昭和三〇年代から四〇年代には各社で精力的に作られており、経営の情報を中心によく集約されています。上述のメーカーも、様々な問い合わせの回答に重宝していると伺いました。

一般的に社内報の他には、営業報告書、有価証券報告書、役員会・理事会議事録などが、電子化の有力な対象になると思われます。

また、用紙などがボロボロで文字が読めなくなるのは時間の問題というときには、とりあえずマイクロ化しておくというのも一方法です（122ｐ参照）。その後じっくりと活用方法を考えて、マイクロフィルムをデジタル化する、あるいはマイクロで読むという選択をします。

## 契約書のデータベース化

これもあるメーカーでは、各種契約書の電子化（ＰＤＦ）と目録作成を行いました。一枚一枚サイズや様式・内容の異なるアナログデータの契約書をパソコンで一元的に管理するというものです。とくに契約更新時期が契約書ごとに異なるため、契約見直しの機会を逸して、不本意な契約を更新してしまうことが問題になっていました。個々の契約内容をデジタルデータにしたことにより、自動的にチェックできる体制が確立され、無駄な契約の見直しを漏れなくすることにより、コスト削減が実現しました。

## 人事データのデータベース化

ある商社では、個々人の「自己申告書」や「社内教育履歴」、入社時の「履歴書」、「顛末書」、果ては「給料・賞与」に至るまで、従来は人事課のロッカーに紙資料のまま保管されていたものを、ＰＣ入力・データベース化して人事情報の一元化を図りました。人事部でも限られた社員しか見ることのできないものでしたので、入力作業時にはセキュリティに万全を期して臨みました。

## 学園関係資料の目録作成

ある私立大学は、開学以来の歴史的資料の目録を作成しています。主に戦後の主務官庁との折衝記録など簿冊が手つかずのままで置かれており、まずは目録作りから始めています。

## 以前のデータベースのリニューアル

ある私立大学の例。従来からあったデータベースの使い勝手が悪いということで、分散していたデータベースを統合し、資料番号をつけ直すなどしてして、リニューアルを図っています。

## 創業者記念資料室の立ち上げ

これもある私立大学の例です。こちらは創業者の記念室を設置しました。従来倉庫に置かれていた関係の資料を整理して展示、さらに既刊の年史から学園の歴史をピックアップしてパネルにして解説を入れています。記念室のブログも立ち上げて日々更新されています。

## 史料館の診断

あるメーカーでは、社内向けの史料館の運営がはかばかしくないということで、外部専門家による診断を入れました。二週間程度の調査とそれに基づく詳細なレポートが提出され、その課題の中から緊急を要する資料の手当と目録整理が行われました。

## 倉庫の整理

ある私立大学は、三年後の施設一部移転を控えて、先ずは倉庫に放置されている資料の整理から始めました。過去にも何度か整理が試みられましたがはかばかしくなく、今回は外部の専門家が資料の診断を行い、方向性が示されました。

### アルバムとポスターの整理

ある財団法人は、立派な図書資料室を持っていますが、戦前からのアルバムとポスターは整理が手つかずで放置に近い状態でした。その一点一点をデジカメで撮影して、目録を付す作業を行い、併せて保存措置を施しました。

### 周年を機に資料の整理

ある商社は、二〇周年を機に、年史制作と併せて資料整理に取りかかりました。報告書などの文書類、商品や現地関係の写真類、ＰＲ誌や関連図書などの文献類の目録作成と保存措置を行いました。

いずれのケースでも、予算的には一〇〇万円から五〇〇万円程度、スケジュールは二か月未満の作業になりました。

Column

## フォルダ、文書、ファイル

「この文書をメールの添付ファイルで送ってください」
「このフォルダは満杯になったから中にもう一つフォルダを作ろう」
「この間倉庫に行ったら、廃棄文書が山になっていた」

読者の皆さんは、職場の同僚とこんな会話をされたことがあるかと思います。

パソコンやインターネットに代表される電子化の流れのなかで、昔ながらのアナログの資料にデジタルの資料も加わり、それらを扱う用語も使う人やシステムを提供するベンダーによって区々で混乱することもしばしばです。

ＩＳＯ１５４８９でいうところの「文書」は、document の訳語で、「記録」(records) が変更不可能なものに対して、変更可能な内容のテキスト、画像等の情報を指しています（32p参照）が、私たちのいままでの用語法はどのようなものでしょうか。

まず、アナログで言う「フォルダ」ですが、これは、書類をまとめて整理するための文房具のことを意味し、従来は二つ折りの紙製の物が多かったのですが、近年はプラスチック製のクリアフォルダもよく使われるようになりました。別名「ファイル」とも言われるようです。ファイリングとは、これまで文書をフォルダに挟んだり、ファイルにとじ込む作業を指してきました。

一方、コンピュータにおいて「フォルダ」とは、作成した複数の「ファイル」をひとまとめにしたもので、ファイルを分類および整理する保管場所のことを言います。ここで「ファイル」とは、ディスク上のデータのことを指し、個々のファイルには識別のために固有のファイル名が付けられ、末尾には「拡張子」が付与されるというわけです。

私たちが日常的にＷＯＲＤ、ＥＸＣＥＬで作成するものは、コンピュータ上の単位としては、「ファイル」ということになるでしょう。内容としては私たちが一般的に使っている「文書」というべきでしょうか。ですのでこれらを併せて「文書ファイル」と称する事例も多く見かけます。

※①　全国歴史資料保存利用機関連絡協議会調査・研究委員会、『公文書管理法制定にともなうセミナー資料集』、二〇一〇年
※②　文書の私物化を排除し、綴じ込み整理することによって共有化をはかり、縦横に検索して目当ての文書を探し出すことにより、仕事の効率に繋げるシステム。アナログ、デジタル両方の文書に適用される。
※③　http://info.edinet-fsa.go.jp/
金融商品取引法に基づく有価証券報告書等の開示書類に関する電子開示システム＝ＥＤＩＮＥＴ（Electronic Disclosure for Investors' NETwork）が整備されている。

二〇〇四年六月以降、有価証券報告書、半期報告書などは電子データ形式で提出することが義務づけられ、書面での提出はできなくなっている。二〇〇七年四月からは、大量保有報告書についても、電子データ形式のみの提出が義務づけられることとなった。
※④　大和銀行事件に関して、二〇〇〇年の大阪地裁の判決が記憶に新しい。
※⑤　東京大学経済学部武田晴人研究室は、南満洲鉄道など戦前の統制機関や国策会社の資料（「閉鎖機関整理委員会資料」）を受託している。また、滋賀大学経済経営研究所は、戦前の満州、蒙古、支那、朝鮮、台湾等の資料の保存・公開を進めている。
※⑥　編集方針の例として、

一、劣化・腐食の早いもの（フィルム、テープ類、写真など）や、再生が容易でないもの（オープンリールテープ、八ミリ・一六ミリテープなど）については、早急に保存措置を講じて劣化を防止し、さらに他のメディアにデータ変換してバックアップをとると同時に、活用もし易くする。

二、フロッピーディスク、MO、CD-ROMなど電子媒体についても最新のメディアにバックアップをとり、以後新世代のメディアに逐次変換の措置（マイグレーション）をとることが望ましい。また、まとめて外部のサーバ（オンライン・ストレージ）やDATへのバックアップも考慮に入れる。

三、詳細な資料総目録を作成する。目録の項目や分類分けについては、業務内容や組織編成を参考にする。

四、特に写真関係の資料については、接写・スキャンなどによって一元化し画像データベースを作成して、自在に検索・活用が可能なものとする。

五、資料室を設置し、集中的にそこに資料を保存する。保存箱、什器類についても、よく吟味し、温度・湿度・照明などの環境面にも配慮する。

六、将来のイントラネットやホームページへの掲載を考慮し、アナログ資料のデジタル化を行う。

七、従来の文書管理規程を見直し、その規程の保存年限の過ぎた資料については、廃棄するか永久保存するか、検討を加える。

八、サーバ内のフォルダ・ファイルの配置やディレクトリー構造を整理・再構築し、セキュリティ管理とデータの見直しを行う。

九、WORDやEXCELなどで作成された「生まれながらの」デジタルデータ＝ボーンデジタルについても、方針を明確にして管理を進める。

一〇、このプロジェクトを機に、継続的・全社的な資料収集・保存の仕組みを整える。

※⑦　ISO23081（212p参照）では目録の効果として、以下を掲げている。

・証拠としての記録を守り（記録の証拠性を確実にし）、時を通じて、アクセスと使い勝手をより利便性の高いものにする

・記録の理解を容易にする

・プライバシーと権利（著作権）を守る

・効果的な保管を援護する
・異なった技術やビジネスの環境間において、生み出された記録の捕捉が確実にでき、記録が維持される
・記録と記録が生み出されたコンテクストの関係をよく分かるようにする

※⑧　メタデータと一口に言っても、その分類は大きく以下の三つに分かれると言われている。
第一に、記録管理（recordkeeping）メタデータ、とよばれるもの。これは、記録そのものの中から、または記録を作成した組織から生じたものであり、作成者、作成日、タイトル、キーワード、機密度などファイルの情報に相当するもの。

第二に、アーカイバル・メタデータ、と呼ばれるもの。これは、記録が作成された後に、その記録を管理しやすくするために付与されるもの。記録を作成した部署が行ったり、史料センターのような組織が行う。

第三に、技術的メタデータ、と呼ばれるもの。ファイル形式やバージョン、ＯＳなど、記録の理解や処理に必要なもののデータ、長期保存処理の過程では必須になる。

※⑨　以下の内容区分けも参考になる。ある会社の目録づくりの例。
一、目録として標準的な項目を備えること。
「整理番号」

「タイトル」：資料には、元来のタイトルで封筒やファイルなどにまとめられていたものがあった。個別に新規にタイトルを付けてしまうと、どのような状態で資料がまとまっていたか分からなくなってしまう。よって元々のタイトルで封筒などにまとめられていた資料はそれと同じタイトルにした。

「内容」：元来のタイトルで封筒などにまとめられていた各資料の題名。

「作成者名称」：各資料の作成者を分かる範囲で記載。

「伝来」：各資料の来歴を分かる範囲で記載。

「原資料作成年月日」：原資料の作成日を分かる範囲で記載。

「原資料形態」：原資料の状態を簡単に記載。
二、出所の原則や現秩序維持の原則に従い、出所時の状況を記載
出所時の状態―元来のタイトルで封筒やファイルなどにまとめられていたものが、さらに箱などにまとめられ、資料群

として名前が付けられていたものがある。この名前を記載することで、出所時の状態がどのようなまとまりになっていたかを分かるようする。

三、資料の所在、保存先

原本の保存場所、複写の保存・管理を明確にし、保存先が分かるようにする。

四、資料の複写方法

複写の有無、複写の方法、複写の作成日を記録。

五、活用の際に検索がしやすいこと

事業内容区分—どの事業に関連する資料であるか分かるようにする。

章単位区分—社史のどの章で使用されている資料であるか分かるようにする。

※⑩ 佐藤政則麗澤大学教授のケース。発言は、企業アーカイブへの提言「企業史料の整理と管理」による。
http://www.dnp.co.jp/nenshi/nenrin/suggestion/index.html

※⑪ アーカイブ関連での代表的な目録標準では、一九九三年にICAにて採択されたISAD（G）がある。記述要素としては、第二版を採用。

一、個別情報のエリア（タイトルなど五項目）
二、成立経緯のエリア（作成者名称など四項目）
三、内容および構造のエリア（評価・廃棄処分・保存年限など四項目）
四、公開および利用条件のエリア（複製の条件など五項目）
五、関連資料のエリア（オリジナル資料など四項目）
六、注記のエリア（注記の一項目）
七、記述コントロールエリア（アーキビストの注記など三項目）

※⑫ 「出所《しゅっしょ》の原則」
ある組織（出所）の文書と他の組織の文書を混ぜ合わせてはいけない、というアーカイブ構築の最も基本的な原則。ほかに、「原秩序維持の原則」「原形保存の原則」「現状記録の原則」「平等取り扱いの原則」などが基本的整理の原則としてある。

※⑬ NHK、『特報首都圏』、二〇〇七年八月三日および九月七日放映分より。
※⑭ 一、温度・湿度―高温によるフィルム類の変質、高湿度によるカビ・錆の発生→空調装置、調湿剤
二、光―紫外線や光源の熱による紙や写真、絵画の変色、退色→日光を入れない、照度を落とす、UVカット蛍光灯を用いる
三、大気―埃や塵、アルカリ性ガス（新築時のコンクリートから）などによる化学的影響→外気のシャットアウト、空気清浄機の使用、こまめな清掃
四、生物―ネズミ、ゴキブリ、イガ、カツオブシムシ→業者による駆除、防虫剤の使用、燻蒸
五、振動・衝撃―地震、展示準備・展示中の人為的事故→免震装置、日常的に取り扱いに注意する
六、火災→火気を持ち込ませない、警報装置、消火装置
七、盗難・人的破壊→警備員・監視員の配置、警報装置、防犯カメラなどによる警備強化
※⑮ 柴田亮介、『ビジネス技術　わざの伝承　ものづくりからマーケティングまで』、日外アソシエーツ、二〇〇七年（能の「守、破、離」や「まなぶ、まねぶ」の思想などが紹介されている。）
※⑯ マイグレーションとは、電子文書のデータをそれが作成された新しいバージョンのソフトに対応したデータに移行しておくことで、見読可能にする作業を言う。
他の方法では、プログラムを書き換えずに、エミュレーターというソフトウェアを介して、疑似的に別のコンピュータの環境を作り出すことで、プログラムを動作させる「エミュレーション」という技術もある。
※⑰ WORD、EXCELのファイルには、「プロパティ」でメタデータを入力することができる。内容には、「タイトル」「サブタイトル」「作成者」「管理者」「会社名」「分類」「キーワード」「コメント」などがある。ここで入力した内容は通常の検索機能でヒットする。
※⑱ 『中間段階における集中管理及び電子媒体による管理・移管・保存に関する報告書、平成一八年六月、公文書等の適切な管理、保存及び利用に関する懇談会』より。
この報告では、さらに、記録としての価値を維持・保存するに際して、「エッセンス」を保存するという考え方を提唱している。例えば、ハイパー構造の文書は、画像・音声・動画等が埋め込まれている場合には、それらの画像も保存する必要があるが、単に典拠を示しているURLなどは、このリンクの情報のみで十分、というような解釈が施されている。

http://www.archives.go.jp/law/pdf/kondankai14houkoku.pdf

※⑲ 例えば、ワープロ専用機で作成され、フロッピーディスクに保存されたデータ、Windows/DOSやMacintoshのワープロ、表計算ソフトで作成したファイルなどは形式の違いから読み取ることができない。データ形式を変換する市販ソフト「リッチテキスト・コンバータ」などが利用されている。

※⑳ 大規模災害発生などを想定した危機管理体制整備の一環として、またＢＣＰ（事業継続計画）の要として、社外のデータセンターなどにデータを置き、片方がダウンしても支障がないよう複数の回線でオフィスと結ぶという方法が近年普及している。

※㉑ コンサルティングの内容は、文書発生から運用・管理の実態調査、文書管理規程調査、ファイル・フォルダ、サーバ管理ルール規程作成、システム設定、システム運用、研修等。

※㉒ 多くの自治体が文書管理システムを導入しているが、総務系部署が管轄している例が多い。縦割り組織のなかで、文書のアーカイブへの移管を想定していない事例が数多くあり、アーカイブでは目録体系などを一から作り直すという。

**（ＵＲＬの参照時期はすべて二〇一一年八月）**

# 第四章　先達から学ぼう

## 自治体の事例

わが国では、一九七一（昭和四六）年に国立公文書館が設置されました。しかし、これは総理府のなかの一機関であり、公文書そのものについての法律・公文書館法の成立は、一六年後の一九八七年まで待たねばなりませんでした。この法律では、国及び地方公共団体は歴史資料として重要な公文書等の保存及び利用に関し、適切な措置を講ずる責務を有することが謳われています。

二〇一一年現在、文書館のあるところは四七都道府県中、三〇都道府県となっています。また、区市町村レベルでは、二七の市町村が文書館を設置しています（16p参照）。

設置の背景や根拠としては、

・自治体史編纂事業のなかから生まれたもの
・公文書館法が梃子になって設置されたもの
・情報公開法の成立の影響を受けて設置されたもの
・住民の地域活動や行政への参加の活発化を受けて、いわゆるアカウンタビリティーに応えるもの

等が挙げられます。

特に本項では、特徴的な文書館を挙げて、自治体における文書館についてその動向について考えてみましょう。

## 山口県文書館

山口県文書館は一九五九（昭和三四）年、日本で最初の文書館として誕生しました。遡ること七年前の一九五二年、藩政時代の文書である毛利家文庫が県立山口図書館へ寄託されました。山口図書館郷土資料室では、県史編纂所の収集になる戦前からの文書と併せ積極的な公開・利用が進められました。当時の図書館長は、これらの膨大な文書の本格的な保存利用機関として文書館設置に向けて本格的に活動を開始しました。※①

開館後も、徳山毛利家文庫や三浦家文書などの寄贈・寄託が続き、さらに、山口県の行政文書や行政資料の引継ぎも進み、現在では約四九万点の文書・記録を収蔵して、その整理・保存・公開を進めています。また、全国的な文書館設立運動の先駆者としても特筆されます。一九六五年より『文書館ニュース』の発行により情報交換、発信の場を設け、文書館法の必要性を訴え続けました。一方、内にあっては、文書館員の専門性を認知すべく、一九六九年には、これを行政職から研究職に変えています。

## 埼玉県立文書館

埼玉県立文書館は、一九六九（昭和四四）年に、山口県文書館、京都府立総合資料館（一九六三年）、東京都公文書館（一九六八年）に次いで設立されました。当初は図書館付設文書館として出発し、一九七五年に文書館として独立しています。設立前、図書館内の郷土資料室で扱った資料群が設立後に移管、教育委員会がこれを所管しました。また、行政文書や一般の古文書の他に、地元の都市銀行や鉄道会社などの企業の資料も受け入れており、前者は、埼玉県地方金融史料目録となっています。

当館の特筆すべき特徴は、※②県の電子文書を文書館に移管するプロジェクトを二〇〇一年から立ち上げ、二〇〇八年から実際に稼働していることです。

従来、行政文書における問題としては、文書管理規程の範囲が歴史的公文書の「移管」までで、移管から先のシステムが確立していないことがありました。埼玉県では「保存」や「公開」の管轄は、教育委員会であり、現用から非現用の文書の流れは全庁的なシステムの対象とはなりえませんでした。ただし、二〇〇一年には情報公開法の施行を受けて、埼玉県でも全面改正された情報公開条例や新たに定められた文書管理規則が施行され、システムも新たな制度に後押しされた格好で、一貫したものがつくられました。二〇〇一年から文書管理システムの全体設計が行われ、二〇〇四年度には電子決裁機能を加えた本格稼働に入りました。

システムの概要を紹介しておきましょう。

・名称

電子公文書収集管理システム／収蔵資料検索システム

・目的

文書管理システムで作成した電子文書の中で歴史的価値がある文書を収集・保存・管理・公開する。また、併せて文書館収蔵資料の目録についてインターネットを通じて検索可能にし、一部画像については公開する。

・機能

一、電子公文書保存機能

二、収蔵資料目録の管理機能

三、収蔵資料目録のインターネット検索機能

四、電子公文書等の画像閲覧機能

公文書管理法の施行後、さらなるシステムの深耕が期待されています。

**神奈川県立公文書館**

当館は、一九九三(平成五)年に設立されました。遡ること二五年前の一九六八(昭和四三)年から、最終的に四〇巻にも及んだ県史編纂事業が開始され、一九七二年には、収集した資料を保存・利用するため、県立文化資料館が図書館内に併置されました。

さらに長洲知事時代の一九八二年、全国に先駆けて情報公開制度に関する提言がなされ、その中で公文書館の新設も盛りこまれました。諸外国の調査等を経て、一一年後の一九九三年、公文書館条例とともに開館に至ったという経緯です。

公文書館設立以降の、県の文書管理の特徴は以下の五点[注③]に集約されます。

一、保存期間が満了した非現用公文書を公文書館に引渡すことを県の機関に義務づけていること

二、非現用公文書の選別、保存、廃棄の権限は知事から委任を受けた公文書館館長がもつこと

三、現用文書は情報公開条例で開示され、公文書館で選別・保存される非現用文書は公文書館条例で開示されること
四、原課での永年保存文書を廃止し、三〇年保存文書に変更されたこと
五、三〇年保存文書と一〇年保存文書は保存期間が五年を経過したとき、公文書館に引継ぎ公文書館内の中間保管庫で保存されること

ここで「中間保管庫」という用語が出てきましたが、当館を特徴づけるものは、このいわゆる中間書庫の考え方です（197ｐ参照）。欧米ではレコードセンターと言われますが、まだ、アーカイブにならない現用文書を作成されて三～五年経った後に当館に預ける仕組みです。例えば三〇年の保存を決められた現用文書は、原課に一年、法務文書課に四年、その後中間書庫に二五年保存されることとなり、三〇年経過後初めて、原課ではなく公文書館が選別・廃棄の判断を行うというシステムです。

中間書庫は、現在多くの自治体や研究機関で採用の試行が続けられています。

**藤沢市文書館**

藤沢市では、一九七〇年代に市史の編纂が進んでいましたが、収集資料を残すことに加え、市民に市政など情報提供の役割をする文書館が必要だという認識のもと、市民資料室を経て、一九七四（昭和四九）年に文書館として開館しました。市町村アーカイブの草分け的存在で、市町村の文書館のモデルになった、と言われます。

一九八〇年代以降、全国で情報公開が喧しくなってからは、市から非現用として収集される文書の整理だけでなく、記録の作成から始まるライフサイクル全体を睨みつつ、川上の現用文書から関与しています。いわば市の文書課のような役割を果たしている文書館事例と言えましょう。
※④文書館では、市民に向けて『文書館だより　文庫《ふみくら》』を発行しています。そのなかで、行政文書とはどういうものか、選択された歴史的行政文書とはどういうものか、誰でも見ることができるのか、文書館の役割はなにか、市庁舎の地下倉庫では文書の引き継ぎを初めとしてどのような作業をしているのか、等々が平易に語られ、藤沢市文書館が「藤沢の記憶装置」の役目を果たしていることをアピールしています。

**板橋区公文書館**

当館は、二〇〇〇（平成一二）年に東京二三区で初めての文書館として設立されました。さらに二〇〇二年より、廃校になった旧板橋第三小学校に移り注目を浴びました。都内では、二〇一一年現在、東京都公文書館と当館の二館のみです。

活動内容は、区の公文書や行政刊行物の中から、歴史資料として重要なものを収集・整理して保存し、また区史編纂時に収集した資料・地図・写真等の公開も併せて行っています。

区での初めての文書館ということもさることながら、廃校になった施設の利用は、一方で由緒ある小学校が耐震の問題で取り壊されるなか、都市圏での文書館設立のヒントになるものと思われます。どれほど立派な理念や方針を掲げても、もっとも重要な業務は、文書の移管であり、評価・選別の後の保存スペースの確保はどこの文書館でも悩みの種だからです。

また、[※5]一九九八年度から二〇〇九年度の累計移管率（登録文書数を処理件数で割ったもの）は、五％程度を示しており、好調な活動を伺わせています。

**沖縄県公文書館**

沖縄県公文書館は、一九九五（平成七）年に設立されました。対象資料は、

・沖縄県文書
・琉球政府文書
・USCAR（United States Civil Administration of the Ryukyu Islands：琉球列島米国民政府）文書を中心とした米国の沖縄統治関係資料
・琉球王国時代の資料
・映像音声資料等

であり、これらの収集、整理、保存をするとともに閲覧に供しています。

公文書館の発足とともに、従来の長期保存文書は二〇年保存文書となり、それまで保存期間が満了すると廃棄されていた公文書は、全て公文書館へ引き渡されることになりました。ほぼ同じ制度が、神奈川県立公文書館と秋田県公文書館でできています。

沖縄で特徴的なことは、第二次大戦末期の沖縄戦とそれに続く米国の統治下の資料のほとんどが残って

いないことです。沖縄の日本復帰に伴いUSCARは解散し、その文書は米国国立公文書館に移管されました。

当館は一九九七年度から六年間にわたり、国立国会図書館と共同して、USCAR文書をマイクロ撮影して収集しています。このほか、単独事業としては、アメリカ国務省や国防総省の沖縄関係公文書や、沖縄戦及び戦後沖縄の写真資料・映像フィルムなども収集しています。USCAR文書のうち、整理が完了した文書については、ホームページ[注⑥]「所蔵資料検索目録ARCHAS21」で検索ができます。

## 国立公文書館とアジア歴史資料センター

最後に、国立公文書館とその下部組織のアジア歴史資料センターについて述べておきましょう。

国立公文書館は、冒頭に記述した通り一九七一（昭和四六）年の開館になりますが、四〇年の節目を迎える二〇一一（平成二三）年、公文書管理法が施行され、さらには内外のアーカイブ関連の動きへの対処等、その動向に注目が集まっています。

特に、今や待ったなしの感のある電子公文書の移管対応では、理論面・実践面で先頭に立ち、二〇一一年度から順次同じ電子媒体での保存を表明するなど、新たな段階にさしかかっています。

二〇〇一年には、アジア歴史資料センターが開設されました。国立公文書館、外務省外交史料館、防衛省防衛研究所図書館の所蔵する明治期より第二次世界大戦終結までのアジア関係資料を電子化し、目録のデータベースとともにインターネット上で提供する電子資料センターです。二〇一一年四月現在、約二二四六万画像、一六二万件の目録データを提供しており、データが軽く、低スペックなパソコンからも快適に閲覧できる国際的にも最先端のまさに本格的なデジタルアーカイブといえます。

国立公文書館のホームページでは、「国民一人ひとりにひらかれた、もっと魅力のある〝情報の場〟になります」として、所信が掲げられています。長くなりますが、活動の要諦はここに集約されていると思いますので引用してみましょう。

国立公文書館の「公」は、「公園」の「公」でもあります。誰もが気軽に立ち寄れる、遠くからでもインターネットを通して自由にアクセスできる、国民一人ひとりにひらかれた〝パブリック・アーカイブズ〟が、国立公文書館のあり方です。国立公文書館を、誰もが日本の歩みにふれることのできる情報の広場にしていくこと。国立公文書館から皆さんへの約束です。

一人ひとりにひらかれた魅力づくりのために、

一、歴史的に重要な公文書の収集・保存を、一層進めます。

二、インターネットを通じたご利用のため、公文書のデジタル化を一層推進します。

三、生涯学習、社会教育にも活用できるアジア歴史資料センターのデータベースのさらなる拡充を進めます。

四、積極的な展示活動を通じて、公文書にふれ、興味をもっていただく機会をひろげます。

五、地方公共団体や研究機関、学会など、関連する団体との連携を強めます。
六、海外の公文書館などとの国際交流の輪をひろげます。
七、職員すべてが、利用者本位のサービス意識で活動します。

Column

## 「保管」と「保存」は違う？

「保管」と「保存」は意味するところが違います、と以前専門家に言われて、文書・記録の世界ではどのように使い分けているのだろう、と疑問に思ったことがあります。

公文書の世界では、「保管」とは、基本的に作成した原課で取っておく、「保存」とは、その文書を所管課である文書課の書庫や文書館で取っておく、という意味合いであるようです。

広辞苑によると、「保管」は、「大切なものを、こわしたりなくしたりしないように保存すること」、一方の「保存」は、「そのままの状態を保って失わないこと」とあり、微妙ですが、上述の解釈に添わないこともないような気がします。「保管」と「保存」を並べられれば、確かに前者には、一時的な保存の意味合いがあるような感じであり、「保存」には、「永久保存」というように、永久に取って置くというような意味合いがあるように感じられます。

173ｐの図表４-１で文書の流れの一般を示しましたが、「保管」から、「移換え」て「保存」、その後の「移管」を経て、「永久保存」「廃棄」の流れがご理解いただけると思います。

ただし、この文書の流れは理想的なもので、実際には原課や文書課でずっと保管、保存していたり、管理の年数が守られておらずに文書管理規程が形骸化している自治体が多く、職場の大清掃の際に、保存すべき有用な資料が廃棄されていないかチェックするため各課を廻る担当者は、自らを「ゴミ拾い」と自嘲していると聞きます。

二〇一一（平成二三）年施行の公文書管理法は、自治体に対しては、本法律の趣旨を酌んで必要な施策を実施するよう求めています。この図のシステムが全面的に実行される日が近いうちにやってくるでしょう。

## 企業博物館と研究団体の事例

### ある企業博物館を見学して

あるメーカーの工場に付設された博物館—ここでは史料館と言っていますが—を見学する機会がありました。

この史料館設立の目的は、主として従業員教育にあり、特に創業の理念の再確認が展示の主要な目的とのことでした。近くに設置された研修センターの研修プログラムにも組み込まれており、新入社員はもとより、グループ会社の従業員もよく訪れるとのことでした。また、表向きの社史の紹介だけでなく、いわゆる不祥事に関することも展示されており、企業の危機管理に関わるビデオも作成・公開されていました。

見学最後に記入するアンケートでは、「大きな視点で会社はどのような方向に向かっていこうとしているのかを提示していて、何かに迷った時に視野を広げてくれる頼もしい存在」というような回答もあるとのことで、設置者の意図が充分伝わっているのではないか、という感想を持ちました。

しかし、展示を支える史料の収集・整理さらには目録づくり、電子化、アナログ保存のノウハウ、活用の仕方、廃棄の基準づくり等についてはご多分に漏れず途上にあるようでした。

建屋はともかく、自前で作られた史料館の「良さ」とこうすればもっと「良くなる」、という思いが交錯しましたが、企業博物館の現状が垣間見えた貴重な経験でした。

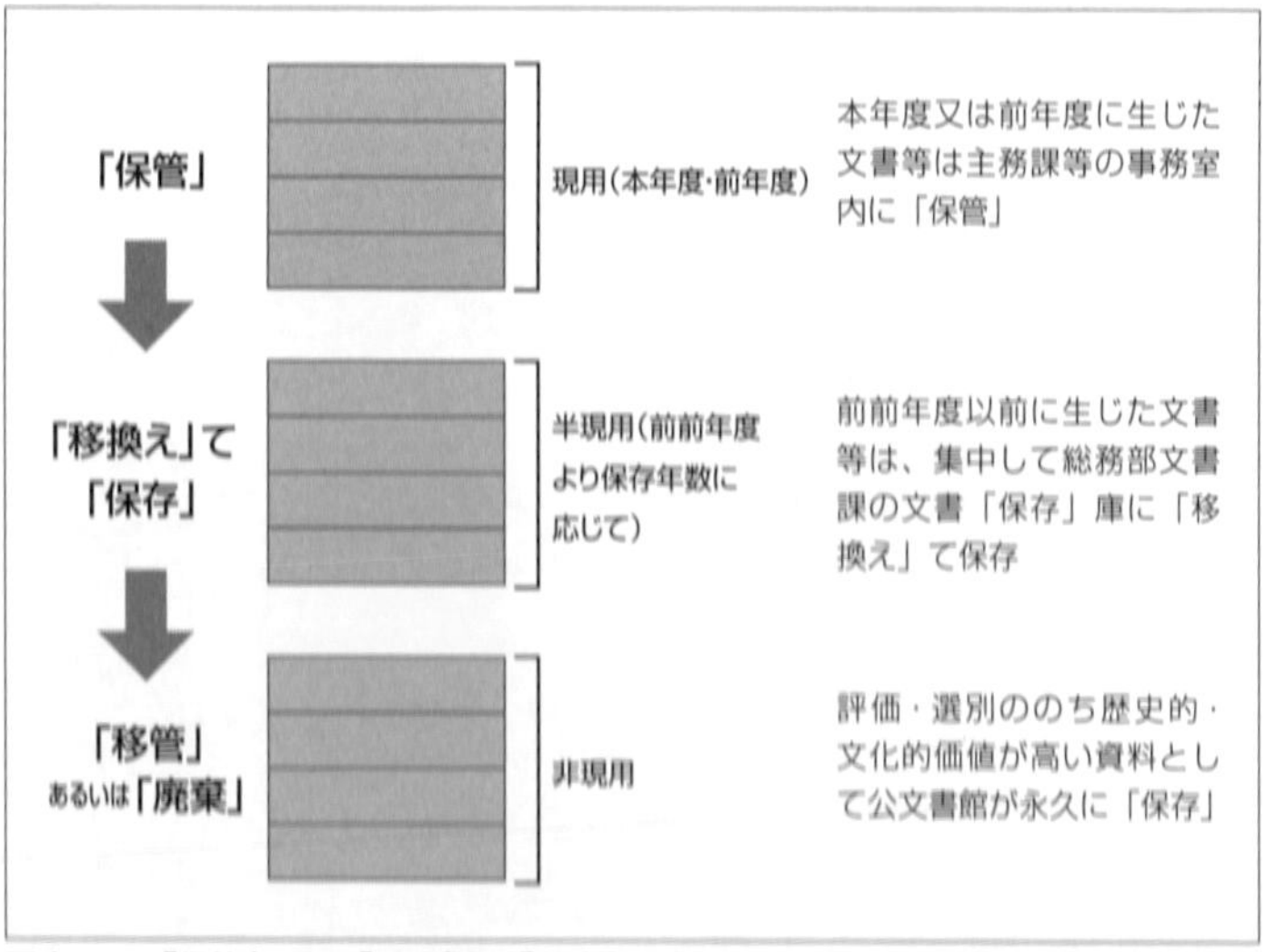

「保管」
現用(本年度・前年度)
本年度又は前年度に生じた文書等は主務課等の事務室内に「保管」
「移換え」て「保存」
半現用(前前年度より保存年数に応じて)
前前年度以前に生じた文書等は、集中して総務部文書課の文書「保存」庫に「移換え」て保存
「移管」あるいは「廃棄」
非現用
評価・選別ののち歴史的・文化的価値が高い資料として公文書館が永久に「保存」

図表4-1：「保管」から「保存」、「移管」のフロー

## 企業博物館の類型

企業博物館、資(史)料館とは、一般的にどのような施設を指すのでしょうか。ここでは、美術品などを収集して展示する館ではなく、あくまで自社の歴史とその背景に関わる資料の展示である、ということを前提とします。

一、創業者、中興の祖を顕彰する社員教育のための「史料館」
二、歴史の長い企業などでは、企業・業界の情報センターとしての「歴史館」
三、公共的な責務が大きい企業や一般大衆嗜好品・医薬品などの企業などでは、親しまれる企業広報活動の「啓蒙館」
四、ショールームをさらに発展させたものとしての、商品や技術PRの「技術館」
五、工場見学を楽しむ「産業館」

に大別され[※⑦]、おおよそ全国に五〇〇〇程度の企業博物館があるといわれます。

上述の史料館などは、さしずめ、「一、」の「史料館」の典型と言えるでしょう。

本書では、この類型をふまえつつ、さらに以下のような大きな括り[※⑧]で考えてみたいと思います。

・社業の展示館
　　歴史展示館
　　事業展示館
・業種（業界）の展示館

・グループでの展示館

歴史展示館とは、企業の歴史を遡って、創業の頃の製品、創業者の写真、直筆や肉声、社是・社訓、表彰状、会社・製品案内、本社・工場写真、従業員写真、機械模型等々いわば創業以来の物的・文献資料を、時代毎に並べる、という最も一般的なスタイルです。

この展示の目的を更に深めると、前掲の、「史料館」「啓蒙館」になるでしょう。この分類では、松下電器歴史館、資生堂資料館、UCCコーヒー博物館などが有名です。

事業展示館とは、歴史展示というより、例えば技術志向の事業内容ならば、主に現況に近いところを主体にして展示するというスタイルのものです。前掲の「技術館」「啓蒙館」などはこの典型です。東芝科学館、松下電器技術館などが有名です。

業種（業界）の展示館とは、自社の製・商品に限らず、その業種、例えば、自動車ならば、世界の自動車を集めて展示するという館で、トヨタ博物館などはその代表です。ここには、国内はいうに及ばず世界の車が所狭しと並んでいます。他には、竹中工務店・竹中大工道具館、JR東日本・鉄道博物館などが挙げられます。

グループでの展示館とは、例えば旧財閥系グループが運営している三井文庫、三菱史料館、住友史料館などは、グループアーカイブの保存・公開を目指しているものです。

## ホームページでの発信

実際の館の運営と併せて、ホームページ上で仮想の博物館、いわゆるバーチャル・ミュージアムを開設する企業も増えています。

キヤノンは、本社内のキヤノンギャラリーにて自社カメラの実物を置いて自社の歴史と共に紹介していますが、併せてホームページ上にも、カメラ館、デザイン館、技術館、歴史館の四つのコーナーからなる「CANON CAMERA MUSEUM」のページを設けています。※⑨

トヨタ自動車は、「トヨタ博物館」と自動織機から自動車に至る産業技術を展示した「産業技術記念館」の二つの博物館を運営しています。特に前者は、ホームページ上でも自動車の展示と説明が行われており、※⑩自動車ファン垂涎のコーナーになっています。

ライオンは、博物館は運営していませんが、ホームページ上で、※⑪歴史的な資料とそれに関する話題を紹介しています。企業のホームページで歴史を紹介するコーナーは、せいぜい年表に写真がつく程度が多いのですが、本コーナーは、それに仮想ミュージアムが敷設されているのが特徴です。第一展示室・ライオン創業期の資料から始まって第二展示室・「慈善券」事業、第三展示室・ライオン児童歯科院と続き第六展示室まで、口腔衛生の歴史が綴られています。

他には、サントリーの「ウイスキーミュージアム」、王子製紙の「森と紙のワンダーランド」などユニークなバーチャル博物館が展開されています。

## 団体からの発信

＜企業史料協議会＞

企業史料協議会は、一九八一（昭和五六）年に経済界、学会、図書館界の協働のもとに設立されました。企業史料が現在並びに将来の社会にとって重要であるという認識から、文書・文献資料をはじめモノ資料に至るまで広汎な資料の収集・保存・管理・活用についての調査研究を第一義に、ビジネスアーキビストの養成や会社史編纂の研究、企業博物館の調査研究、国際交流など多彩な活動を展開しています。

＜大阪企業家ミュージアム＞

大阪企業家ミュージアムは大阪商工会議所創立一二〇周年記念事業として二〇〇一年に開設されました。大阪産業界の発展に貢献した企業家たちの気概を後世に伝えるとともに、企業家精神の高揚を通して次代を切り拓く人づくりを目指しています。併せて、企業家活動についての研究を促進し、その成果の普及を図るため、二〇〇二年には、当ミュージアムとの連携で「企業家研究フォーラム」が設立されました。

＜渋沢史料館＞

渋沢史料館は、日本の近代資本主義の父と言われる渋沢栄一の全生涯にわたる資料を収蔵・展示するため、渋沢記念財団により一九九八年に史料館本館を増設、本格的に開館しました。

さらに二〇〇三年には、財団内に実業史研究情報センターが設置されました。戦前渋沢敬三によって計画のあった日本実業史博物館を現代に実現することを使命とし、会社史や企業資料の紹介をデジタル・ライブラリー的手法によって紹介しています。

Column

## 事故の展示と教育

日本航空のジャンボジェット機墜落事故から二〇一一（平成二三）年で、はや二六年が経とうとしています。事故当時まだ生まれていなかった人も日航に勤務するようになったと聞きます。

日本航空では、事故を風化させてはならないという思いと安全運航を再確認する場＝「安全の礎」として、「安全啓発センター」を二〇〇六年に開設しました。このセンターでは、後部圧力隔壁や後部胴体をはじめとする残存機体、コックピット・ボイスレコーダーや現場写真を展示し、さらに世界の主な航空事故や過去の事故の記録についても解説しています。

一方、全日空は一年後の二〇〇七年に「安全教育センター」を設置しています。雫石事故（一九七一年）の後に生まれ、この事故のことを知らなかった全日空の女性職員が、現地の慰霊碑を清掃するなかで事故の教訓を伝える施設の設置を提案し、会社を動かしました。

失敗学を興した畑村洋太郎氏は、事故の記憶の継承には、実物を展示する施設が必要だと主張されていますが、展示館で事故の悲惨さや社会的影響の大きさを体感してもらう効果は計り知れないと思われます。

日航では、事故当時小学生だった息子さんを亡くしたお母さんを講師によび、新任客室乗務員に事故当時のことなどを語っていただく研修を行っています。ＴＶの特集番組では、話に聞き入り涙を流す新入社員の姿を伝えていました。

## 学園資料館の事例

### 京都大学文書館が嚆矢

二〇〇〇（平成一二）年、京都大学において本格的な大学文書館が誕生しました。同大学ホームページ※⑫によりますと、以下の二つの議論のなかから設置に至ったと紹介されています。

二〇〇一年四月に施行される「行政機関が保有する情報の公開に関する法律」（情報公開法）に備えて、京都大学ではかねてより検討を進めてきましたが、そのなかで、保存期限が満了した行政文書（二〇〇四年四月の国立大学法人化以降は「法人文書」）のうち歴史的・文化的あるいは学術的価値のあるものを選別し、保存するための組織を整備することが求められました。

また二〇〇一年三月に完結した『京都大学百年史』の編集作業のなかで多数収集された、京都大学の歴史に関する貴重な資料をどのような形で保存・活用し、今後も継続的に収集を行っていくか、ということも学内で検討され、恒久的な組織の設置の必要性が唱えられました。

京大文書館※⑬設立以前にも、多くの大学のアーカイブが、大学史編纂事業の結果として生まれていましたが、京大の場合も年史編纂に加えて、情報公開法施行が後押しした訳です。京都大学にはそれまで文書管理規程に当たるものがなく、すべての文書が永年保存でありながら、それらを実際に残すか残さないかは現場の裁量に左右されるという状況だったといいます。新たに作られた行政文書の管理に関する規程で、保存期間が満了した行政文書は、大学文書館へ移管する、という主旨の明確な「義務規定」が設けられ、「本格的な」文書館としてスタートしたわけです。

### 他大学の事例

このほか、国立系では、旧制七帝大を中心に、私立大学では建学精神がユニークで歴史のある大学などがアーカイブを設置しています。以下列挙してみましょう。

国公立大学では、

・北海道大学（大学文書館、二〇〇五年）
・東北大学（記念資料室は一九六三年、史料館は二〇〇〇年）
・東京大学（大学史史料室、一九八七年）
・大阪大学（文書館設置準備室、二〇〇六年）
・名古屋大学（大学文書資料室、二〇〇四年）
・九州大学（大学史料室は一九九二年、大学文書館は二〇〇五年）
・神戸大学（附属図書館大学文書史料室、二〇一〇年）
・広島大学（文書館、二〇〇四年）

・金沢大学（資料館、一九八七年）
・大阪市立大学（大学史資料室、一九九一年）
また、私立大学では、
・早稲田大学（大学史資料センター、一九九八年）
・慶應義塾大学（福澤研究センター、一九八三年）
・明治大学（大学史資料センター、二〇〇三年）
・立教学院（学院史資料センター、二〇〇〇年）
・成蹊大学（成蹊学園史料館、一九八八年）
・獨協大学（歴史ギャラリー、二〇〇七年）
・同志社大学（社史資料センター、二〇〇四年）
・大東文化大学（歴史資料館、二〇〇六年）
・北里大学（北里柴三郎記念室、一九九七年）
などがそれぞれ特徴的なアーカイブを開設しています。※⑭

なお、二〇一一（平成二三）年四月に施行された公文書管理法に基づき、東北大学、京都大学、名古屋大学、神戸大学、広島大学、九州大学の各アーカイブが、国立公文書館に類する機能を有する施設として、内閣総理大臣の指定を受けました。

## 自校史教育

学生にとって、自分の学んでいる大学は、キリスト教系であるのは確かだが、カトリックなのかプロテスタントなのか、はてどっちだったか…、という笑うに笑えない話があります。学生は偏差値や学校のブランドイメージなどで大学を選択し入学してくるため致し方ないのかもしれません。

そこで学生・教職員に大学を理解してもらうための「自校史教育」の講座が増えています。建学の精神、創設者像、学校の沿革、研究者・卒業生などの人物、研究活動、大学と（地域）社会との関わり等を学ぶことにより、学生・職員はその大学の主要な構成者であるというアイデンティティを確認し、愛校心の育成、帰属意識の涵養を目指そうとするものです。学長自らが講義する大学や、卒業生、地域の関係者などをゲストとして招く大学もあるといいます。

「学園アーカイブの必要性」の項でも紹介しましたが（85p参照）、大学の諸活動についての自己点検・評価を行い、大学の質を自ら保証する内部質保証システムが求められるなか、大学自身も自校理解を深めていき、進むべき道筋を示す必要があります。その意味でアーカイブ構築は、学生のみならず大学自身が自らの存在意義を再確認する取り組みとも言えるでしょう。

大学アーカイブが、教職員や学生にとって、自分が在籍する大学とはなにかという確認をなし得る場であるなら、このコミュニティーとしての大学の「知の遺産」をさらに活用することで、自分たちの場を確認し、そこから大きな力をもらう、そのための試みが「自校史教育」と捉えることができるでしょう。

事例としては、アーカイブを通じて、学生・教職員に「大学とは何か」を問いかけ明日の大学像の提示を試みたり、建学者の事跡を辿ることによって建学の精神を温ねたり、近代日本におけるミッション系学園の歴史的な役割を再考したりと様々な講義が組まれています。

第一志望の大学をはずし、不本意ながらも本大学に入学せざるを得なかったという学生に自校史教育を施して、愛校心を喚起するといった効用もあり、概ね学生の評判はよく、その大学で学んでいることを非常にうれしく思うようになった、などという感想を持つ学生も現れるといいます。

## 全国大学史資料協議会のこと

さてここで、これら大学史料館（室）間の連携をはかる全国大学史資料協議会のことをご紹介しておきましょう。ホームページ※⑮には、「設立趣意」として以下が掲げられています。

私たちは、大学の歴史は個別大学史の枠にとどまるものではなく、他大学や社会との関連を視野に入れて編纂されるべきであり、大学に蓄積された資料は、大学文書館や大学資料館といった常設機関で整理・保存され、広く社会に公開・利用されるべきであると考えます。この協議会は、研究会・講演会等の部会活動を通じてこれらの問題に取り組んでいきます。

以下、簡単に歩みを追ってみましょう。

・一九八六（昭和六一）年、大学史の編纂と資料保存について研究する諸大学の連絡協議会「大学史連絡

協議会」（仮称）として発足
・一九八八年、「関東地区大学史連絡協議会」を東日本を中心とした二三大学で設立
・一九九〇年、一八大学による「西日本大学史担当者会」が設立
・一九九三年、「関東地区大学史連絡協議会」は、「東日本大学史連絡協議会」と改称
・一九九六年、両会は、六二大学から成る「全国大学史資料協議会」を設立。現在の会員数は一〇七機関、個人会員三五名

これまでの総会・全国研究会では、「大学史編纂から展示室設置まで」「大学アーカイヴズの設立と運営」「大学アーカイヴズにおける個人文書」「大学史資料の公開と活用」「戦時下・占領下・米国統治下における大学史料」などがテーマに挙げられています。また『日本の大学アーカイヴズ』[※⑯]（京都大学学術出版会、二〇〇五年）を単行本として編集・出版、三一の大学の事例が取り上げられています。

## Column

### 教育と学生

学園の歴史の中でベールに包まれているのが教育の実態といいます。具体的には、どの教授がどのよう

な授業をしたのか、どのくらいの学生が聴講して、どのような評判だったのか、というのが公式には残されておらず、アーカイブのエアポケットになっています。当時の教え子に取材してオーラルヒストリーで残す、使った教材などを収集するといったことが有効でしょうか。

以前TVで、宮澤賢治が花巻農学校で教鞭を執っていた当時のことを、九〇歳代の教え子が訥々と語っていました。賢治がわら半紙にびっしり書かれた自身の童話を読み聞かせた話、神棚のしめ縄の形態の謂われ、賢治に誘われた深夜の温泉巡りの怖かったこと等々、こういったオーラルヒストリーの蓄積も、あとを継いだ高等学校にとって一級のアーカイブではないでしょうか。

緒方洪庵の適塾では、塾生が使ったズーフ辞典（通布字典）や塾生が起居した部屋、若いエネルギーの発露の表れか、柱の刀傷など全人教育のあとが内部のそこここに残っていて、見学者に幕末の熱気を伝えてくれます。現在大阪大学が管理していますが、幕末教育史の遺産としても貴重なアーカイブでしょう。

松本市にある旧制高校記念館では、松本高校出身の作家・北杜夫の珍答案が展示されていますが、試験問題と学生の解答というこれまた教育史の一断面を見せてくれるアーカイブです。

学生といえば、その就職先は資料が残っていればある程度掴めるのでしょうが、戦争中の学徒出陣では、どの大学も戦死者数など正確には掴めていないようです。京都大学と九州大学、明治大学では、このプロジェクトに取り組み、それぞれ『京都大学における「学徒出陣」調査研究報告書』（二〇〇六年）、『九州大学における学徒出陣・学徒動員』（二〇〇八年）、『戦争と明治大学』（二〇一〇年）を刊行しています。京大の報告書では、軍隊生活を体験した一八名に高等学校時代・大学時代の授業や課外活動さらに戦争に対する認識、軍隊での訓練・配属先での実態等の聞き取り記録が収録されています。

※① 山口県文書館、『山口県文書館の30年』、一九九〇年

※② 太田富康、「地方公文書館における電子公文書管理の現状について―埼玉県の場合―」、『アーカイブズ　第三九号』、国立公文書館、二〇一〇年

http://www.archives.go.jp/about/publication/archives/pdf/acv_39_p45.pdf

※③ 『神奈川県立公文書館の中間保管庫』、二〇〇四年、「公文書等の適切な管理、保存及び利用に関する懇談会」にて後藤仁氏が報告されたもの。

http://www8.cao.go.jp/chosei/koubun/kako_kaigi/kondankai/160322/haifu/haifu2.pdf#page=1

※④ 第五号、第六号より。

http://www.city.fujisawa.kanagawa.jp/content/000138352.pdf

http://www.city.fujisawa.kanagawa.jp/content/000140708.pdf

※⑤ 板橋区「公文書の移管」より

http://www.city.itabashi.tokyo.jp/c_kurashi/028/attached/attach_28195_7.pdf

※⑥ 例えば、資料群：その他資料 > 文書 > 米国収集資料 > 国防総省／統合参謀本部、と辿ると、以下の文書が最初に出てくる。

(00269-001) CCS360 (12-9-42)：Air Routes Across the Pacific and Air Facilities for International Police Force (Section 1)

NARA Entry No. 1 (UD)

タイトルの先頭にある（）内の番号は、米国国立公文書館での箱番号（五桁）と当館で任意に付与した簿冊番号（三桁）を組合わせて、元の物理的な配置を崩さぬよう目録整理に工夫が凝らされている。

※⑦ 星合重男氏運営による「日本の企業博物館」の分類より。

http://homepage3.nifty.com/hoshiais/

※⑧ 中牧弘允、日置弘一郎編、『企業博物館の経営人類学』、東方出版、二〇〇三年

※⑨ http://web.canon.jp/Camera-muse/

※⑩ http://www.toyota.co.jp/Museum/index-j.html

※⑪ http://www.lion.co.jp/ja/company/history/museum/

※⑫ http://kua1.archives.kyoto-u.ac.jp/ja/mokuteki.html

※⑬ 西山伸、大学史の編集と「大学アーカイヴズ」—京都大学の試み—、神戸大学史紀要第六号
http://www.kobe-u.ac.jp/info/history/bulletin/06/editorial-2/index.htm

※⑭ 立教学院では、学院と戦争に関する研究。広島大学文書館では、森戸辰男（元文相・初代広島大学長）に関する写真や文書、書簡などの資料を保存。東北大学では、「動画アーカイブズ」として、一九三七年東北大学を訪問した、ニールス・ボーア博士の映像などをホームページで紹介。

※⑮ http://www.universityarchives.jp/purpose.html

※⑯ 以下のアーカイブが紹介されている。
大阪音楽大学音楽博物館／大阪市立大学大学史資料室／小樽商科大学百年史編纂室／神奈川大学資料編纂室／関西大学年史編纂室／関西学院学院史編纂室／九州大学大学文書館／京都大学大学文書館／慶應義塾福澤研究センター／甲南学園学園史資料室／神戸女学院史料室／駒澤大学禅文化歴史博物館／成蹊学園史料館／創価大学創価教育研究センター／玉川大学教育博物館学園史料室／津田塾大学津田梅子資料室／東京大学史史料室／東京女子医科大学史料室　吉岡彌生記念室／東京農業大学「食と農」の博物館・農業資料室／同志社社史資料センター／東北大学史料館／東北学院資料室／東洋大学井上円了記念学術センター／名古屋大学大学文書資料室／日本女子大学成瀬記念館／梅花学園資料室／広島大学文書館／武蔵野美術大学大学史史料室／明治大学史資料センター／立教学院史資料センター／早稲田大学大学史資料センター

**（ＵＲＬの参照時期はすべて二〇一一年八月）**

# 第五章　これからやるべきことを見極めよう

## 編集物との共存

今までは、「アーカイブ」の概念や傾向、必要な理由、作業内容や体制について見てきたわけですが、一方で私たちは、「編集」という用語もよく見聞きします。「この本は編集に工夫がされている」、「丁寧に編集されていてメリハリがある」、「どういう編集者が編集しているのだろう」などといった場合の「編集」です。

良くできたアーカイブによって、良い編集をする―こういえば理想なのでしょうが、ことはそんなに簡単にいきません。両者があたかも車の両輪のように上手く廻っているという例は案外少ないものです。

本項では、両者の関係について、国柄や歴史的な観点も含めて考えてみましょう。

### 日本は編纂優位の国

「世界のなかで日本ほど社史・年史の類の本が作られている国はありません」。

アーカイブの話の最初にこう切り出すと相手は一様に驚いた様子を見せ、人によっては、「でも何となく分かる気がする」というように相槌を打たれます。

わが国企業が明治以来作成してきた社史は、一万四〇〇〇点前後であると言われます。バブル景気華やかなりし頃などは、年間で三五〇点前後が刊行され、ほぼ一日に一冊できている、などとも言われました。

一方、諸外国の例を見ますと、例えば、英国の靴のメーカーなどは、社の経営の歴史が書かれているというより、商品としての靴のカタログであったりします。わが国で作られるようなその時代時代の会社の経営方針と施策を記述するというより、株主を意識したり、写真中心の会社案内的な要素が強いものが多い傾向にあるようです。

## アーカイブと年史の違い

ある経済史の研究者が企業に行って資料を見せて欲しいというと、年史が出てきた、という話を聞いたことがあります。編纂された二次資料である年史と一次資料（アーカイブ）の関係が正しく認識されていません。

こんな事例で考えてみましょう。例えばある会社で一時期、時間が従来の二分の一、コスト二分の一で製品を作ろう、という運動があったとします。生産の担当者は先輩からこのプロジェクトを聞いてはいますが、実のところどういう背景で始まったのか、経過はどうだったのか、各部署の反応はどうだったのか、結果はどう出たのか、等々どうも今一つよく分かりません。そもそも担当の技術者が言い出したとは考えにくい、だれがいいだしたのか…。社史を見ても、これに関する記述は見あたらない。当時全社の業務革新が行われていて、その一環のように感じられなくもない。そんなところに倉庫からそれらしき資料が出てきた。しかし、その資料だけみても、なかなか疑問には応えてくれない…。

一片の生産関係の資料からは、当然ながら当時の会社の全体像は見えてきません。このケースの場合は、ずっと以前に提案していることが当時を知る関係者の取材で分かり、やはり業務革新運動がベースに流れているということに突き当たります。単発のプロジェクトではない、会社の歴史の流れがあることに気付くのです。

このことを明らかにするのが、編集物としての「年史」であり、一方でこの改革の道筋（シーケンス）を資料で捉える、情報のソースとしてキチンと蓄えておく、それがまさに「アーカイブ」なのです。

## シーケンスを書き込む編集物、それの土台を支えるアーカイブ

歴史書を著すには、どんな資料を使うかが死命を制す、と言われます。近代史の基礎的資料は、日本には必要な資料がないことが多く、米国国立公文書館（ＮＡＲＡ）に頼ってきました。実際、筆者の知る経営史の研究者も、戦時期のある日本企業の商品取引を調べるためＮＡＲＡに詣でてコピーを自ら二〇〇〇枚とったと言われていました。

さて、これら資料を読み込むことのできる熟練の研究者にとっては、やはり一次資料が何より価値のあるものでしょう。しかし、一般の人にとってはどうでしょうか。アーカイブから、歴史に蓄積された改革の道筋（シーケンス）が読み取れるか、というと、資料の内容・多寡にもよりますが、一般には大変高度な訓練が必要だと思われるのです。

シーケンスを読み取るには、編集物に勝るものはない。それの土台を支えるアーカイブ、という考えができるかと思われます。

## アーカイブ、という作業も一種の編集

アーカイブとして受け入れる資料に、「評価・選別」と作業が待っています。全部が残せない以上、資料をどのように評価して残すか、あるいは廃棄するかという選択をしなくてはなりません。これは、一種の資料の編集作業である、と言ってもいいでしょう。

一体どのような方針で臨むのでしょうか。ここでは、アーカイブの世界ではつとに有名な三つの考え方を紹介します。

英国のS.H.ジェンキンソンは一九二〇年代、特に行政のアーカイブについて、[※①]評価選別するのはアーキビストではなく行政官であり、アーキビストはその選択後の記録を管理するに留めるべきだ、と主張しました。

一方、米国のS.シュレンバーグは、一九五〇年代、[※②]アーキビストは膨大な記録のなかでそのライフサイクルに応じて評価選別に積極的に関与すべきだとしました。単に管理するだけでなく業務価値や法務価値など記録の価値を見定め、利用者の便に供することこそが使命だという主張です。

ドイツのH.ブームスは、一九七二(昭和四七)年、[※③]記録を評価選別するとは、社会の価値を反映したものであるべきで、評価選別する主体は最後には社会である、とでもいうべき見解を示しました。

記録は組織で発生し、その記録を分析することによって組織がなぜその記録を生み出したのかが分かり、組織が何に価値を置いていたかが分かる、そういう態度で評価選別すべきである、という主張です。記録は組織の反映であり、つまるところ評価選別とは、現代の価値を反映した記録の創造であると喝破してい

ます。

こう述べてくると、ジェンキンソンはいざ知らず、シュレンバーグ、ブームスの考え方に従えば、アーキビストは記録の編集者とでも言った役割が与えられていることがお分かりいただけるでしょう。

Column

## 社史とアーカイブ

わが国におけるアーカイブは、自治体、企業、学園問わずに、年史編纂時の資料をきちんと残しておきたいという思いから立ち上げるケースが多いと言えます。

一方で、なぜこれほど社史が刊行されてきたのか、という理由については、これはこれで、企業文化、風土も含めて、別に詳細に論じられなければならないところだと思います。

社史については、ある経営史の研究者が大要こんなことを言っていたのを思い出します。[※④]

「社史というと、時の権力者によって適当に歴史が捏造されたり、改変されたりというイメージを抱きがちだが、その制作過程を追っていくとそう簡単には断定できない。記述に当たっては企業情報が開示されている資料、例えば有価証券報告書を使う、また歴史的事実に関して現存している人によって歴史が共有されているので、記憶に逆らう記述はできない。だから、無かったことは勿論書けないが、ただし、あったことを書かないという選択はある」

企業は現在、ＩＲであるとかＣＳＲであるとか自社の情報公開に向けて新たな戦略の構築を迫られています。その戦略を見て投資するという金融の動きもあり、自社に都合の悪い情報も開示しなければ信用されない時代になっています。あるいは開示しないことが許されない状況になっている、と言っても過言ではないでしょう。

こと社史となると、事情は複雑になり、あったことを書かない選択は当然あるでしょうし、事実そのような事例を多くの制作の場面で見てきました。

「あったこと」は、アーカイブに留め置くことが今後さらに求められることになると思われます。

## 中間書庫のこと

### 発想

文書を作成する側から見た場合、まだ業務に使用に供されている状態の文書を「現用文書」、もうほとんど使用されなくなった文書を「非現用文書」と称して区分けしていますが、業務ではそう頻繁に使わなくなったが参考程度や証拠として使われる可能性のある、いわば中間段階にあるような文書を「半現用文書」と呼んでいます。これら文書は規程によってまだ保存期間中なのですが、便宜上、文書作成課とアーカイブの中間に位置する書庫＝「中間書庫」という保存庫で保存しようという機運が国や自治体レベルで高まっています。

この背景には、二一世紀に入って庁舎の移転、建物の建て替え、行政機構の拡大等、組織の改廃がスピードアップしつつあり、この変化の中で資料が廃棄されてしまう可能性があること、時限的な部局の廃止後の文書の行方についいては保存措置が曖昧なこと、あるいは長期保存文書のアーカイブ移管時の評価選別についての難しさから、できるだけ早く中間書庫に移管してアーキビスト等による評価選別をしておきたい、という官庁の思惑があると考えられます。

中間書庫の担う機能・役割は、単に中央省庁だけでなく地方自治体にとっても、さらに民間企業にとっても、必要になる可能性が高いと思われます。

事実、あるメーカーでは、工場のリストラにより、歴史的文書や機械類を、敷地・建屋に余裕のある別工場へ一時的に移管し、ゆくゆくはこれを中間段階的なセンターとして機能させようという検討がなされています。

### 米国の例、神奈川県の例

＜米国国立公文書館のレコードセンター＞
米国の国立公文書館（ＮＡＲＡ）は、わが国の中間書庫に当たるレコードセンターを全米で一七館持ち、保存期間満了前の文書を連邦政府から預かり保管しています。例えばその内の一つＮＡＲＡシカゴは、ミネソタ、オハイオなど六つの州を対象に収集の任にあたっているという仕組みです。

これらレコードセンターの役割は、

・各省庁から文書の受入れ
・内容チェックと登録
・膨大な規模の保管庫での保管
・現用課へのレファレンスサービス
・廃棄とNARAへの移管

を主とし、保存期間満了後の評価・選別については、文書作成元の省庁がNARAのアーキビストと協働して予め決めているというのが特徴です。

米国の他にも、カナダ、ドイツ、フランスなども、システムの違いこそあれ、同様の考え方で、中間書庫の仕組みを実践しています。

＜神奈川県立公文書館＞

165ｐでも紹介しました神奈川県立公文書館は、「中間保管庫」という名称で中間書庫を持ち、一九九三（平成五）年の館の開館時より稼働しており、いわば草分け的存在です。

図表5-1でも明らかなように、文書作成原課の一年の保管と法務文書課の二～四年の保存を経て、中間保管庫に移管される仕組みです。中間保管庫に移されたからと言っても未だ現用文書であり、調査の要があれば職員が保管庫に直接足を運びます。

中間保管庫は、各部局毎に簿冊保存で配架され、設備面では恒温恒湿が保たれるように二重壁となっており、紫外線をカットする照明器具も配備されて資料の劣化防止に万全の体制が採られています。

米国とは違って、保存年限が過ぎたら、公文書館により評価・選別が行われます。

## 電子中間書庫へ

以上、米国と神奈川県の例を見てきましたが、いずれにも共通することは、紙媒体としての文書を、物理的場所としての中間書庫で管理しようという仕組みがつくられていることです。

周知のように現代は電子記録の時代になっており、今後のシステム、電子文書の管理を念頭においたものになります。

二〇一一（平成二三）年度からは、国が新たに出す法令や通達などの文書はＣＤやＤ

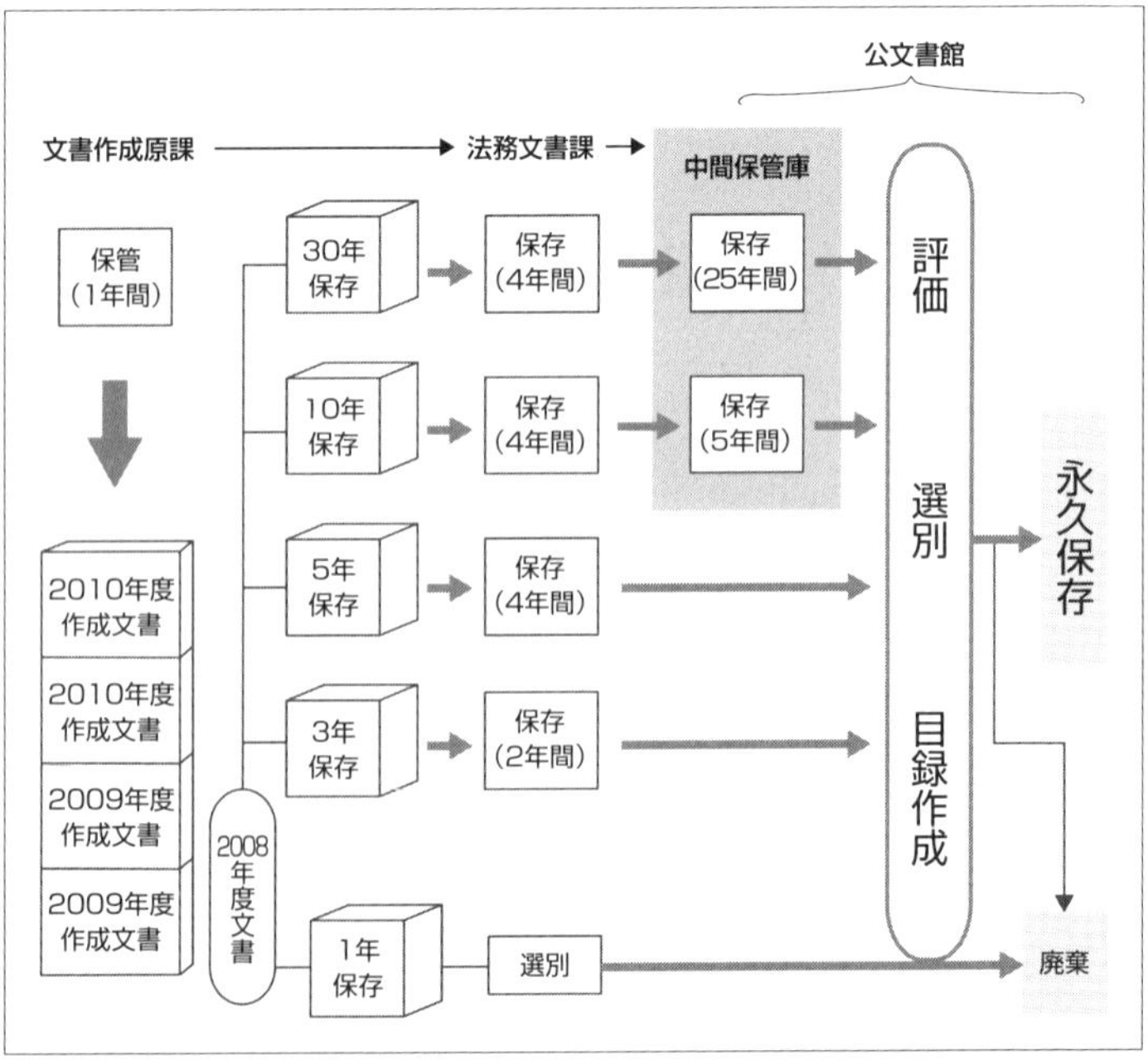


図表5-1：神奈川・中間保管庫のフロー図

ＶＤあるいはコンピュータネットワークの「霞が関ＷＡＮ」に保存した電子文書として、国立公文書館へ移管する施策が出されました。

それでは思い切って電子版の中間書庫を作ってしまったらどうだろうか、という発想も出てくるでしょう。電子文書を個人で管理していると、捨てたと思っていた文書が残っていたり、逆にコンピュータのクラッシュなどによって瞬時に消えてしまったり、ということが日常茶飯事ですので、なおさら「中間」の考えは、時宜を得たものと言えるかもしれません。

電子版の中間書庫があれば、文書作成後、早期に組織横断的に集中管理することができ、さらに当該電子文書に日常的にアクセスし利用することも可能になるでしょう。米国や神奈川の事例で見られたような、中間書庫と本庁の距離の制約がなくなり、そのためのコストの削減にも繋がるというものです。

一方、いずれはアーカイブに移管・保存されるわけですからアーカイブとの連携による新たな移管システムの開発も求められるでしょう。他に、サーバの設置形態や情報公開との絡み、原本の真正性の確保、セキュリティ等々克服すべき課題は多くありますが、効果は期待できます。

何より電子媒体での長期的保存方法が確立されていない状況であり、一方で各省の電子文書化は全体の一割程度という現状もあり、しばらくは紙文書での移管を基本として、その仕組みを電子文書へ応用していくというのが現実的な対応と考えられています。

Column

## 現用文書と非現用文書

「現用文書」と「非現用文書」、さてまた「半現用文書」…、本書でも幾度となく解説に使ってきた言葉ですが、今回は、これらの用語の背景にはどんなアーカイブの世界がひろがっているのか、少し考えてみたいと思います。

まず、現在用いるのは誰でしょうか。あるいは、現在用いないのは誰なのでしょうか。答えは、「その文書を作成した組織の人」ということになるでしょう。

文書は作成されて六か月経過すると、利用度は一〇%に下がり、一年後には一%になる、というセオリーが戦後に流布され、それ故わが国の職場では「捨てろ、捨てろ」の大合唱だったように思います。

しかし一方で、作った人にとっては「非現用」になっても、他の社会の人、あるいは後世の人にとっては使用する価値のあるもの、すなわち「現用」であるとしたらどうでしょうか。

情報公開法の施行時に、省庁が大量の文書を意図的に廃棄したことを書きましたが（55p参照）、廃棄した文書のトン数は、発注書として記録に残り、閲覧を申請すれば見ることができます。発注書、領収書は半年も経てば該当職員の利用度はそれこそ一〇%程度かもしれませんが、外部の市民にとっては極めて利用価値があるという好例です。

作った側に加えて、作られた側から見る文書の価値―アーカイブの世界は、そんな双方向の考え方を教えてくれているようです。

## デジタルの長期保存と電子メール

### 再びデジタルの長期保存

デジタル資料は、デジタル情報とそれを格納する媒体から成ります。これを可視化するのが、オペレーティング・システムとアプリケーション・ソフトウエアです。われわれが可視可能なものは、これによって生み出されたいわば代替物や複製です。紙媒体であればどれが原本かが重要で確認もされますが、電子情報では、劣化もなく簡単に複製でき、紙にプリントアウトされたものは、原本とはなり得ません。

オリジナルはもはや存在しない、と言っても過言ではなく、私たちは、いわば大きなパラダイムの転換点にいると言ってもよいでしょう。

いまアーカイブの世界ではデジタル情報の長期保存への模索・試行が続けられています。126pに説明しており、再録になりますが、デジタルアーカイブの二つの意味をもう一度押さえておきましょう。

一つめは、アナログ資料をデジタル化して保存や活用に供していくこと、この場合、このデジタル情報の中身のことを、アナログ情報から変換されたという意味で、「ターンドデジタル（Turned Digital）」と呼びます。

二つめは、私たちが今や日常的に使っているWORD、EXCELといったソフトで作成される文書類を一〇年後や二〇年後、果ては一〇〇年先までも保存して見読可能なようにしておくこと、この場合、最初のデジタル情報のことを、生まれながらにしてデジタルという意味で「ボーンデジタル（Born Digital）」と呼んでいます。

「ターンドデジタル」の場合は、中身を長期にわたって読めるようにするためには、広く使われている標準的なソフトで変換するという手法が採られたり、マイグレーション（158p、※⑯参照）という手法で情報を置き換えたりする方法が考えられます。

一方、「ボーンデジタル」の場合は、現にそのソフトでできているわけですから、それが将来存在するかどうかについては保証されません。米国でも、多くのコピーを保持したり、マイグレーションやエミュレーションの試みがなされています。

わが国でも、前項（198p参照）で書きました、二〇一一（平成二三）年度から国立公文書館への電子文書移管作業が開始されました。ボーンデジタル文書を紙、マイクロフィルム等の非電子媒体に変換せず、いわばデジタルのまま移管する方針が打ち出されたわけで、これが実施に向けて多くの[※⑤]調査や実験がなされています。

そもそも、デジタルの厄介なのは、作成から保存まで、様々なソフトやシステムが介在しているということです。

・保存媒体では、フロッピー、ＣＤなど
・電子ファイルでは、文書や画像ファイルなど多数

・アプリケーションでは、WORD、EXCEL、パワーポイントなど
・オペレーションシステムでは、Windows、Macなど
・ハードウエアでは、DELL、Macなど
という具合です。

極端な例で言えば、このハードウエアでなければ開けない、という種類のファイルでは、将来そのハードを作った会社が存在していない可能性も出てくるというわけです。[※⑥]

一方、プラスの情報もあります。一例で言えば、電子データの長期保存にはメタデータが特に必要と前に書きましたが（128p参照）、そのメタデータとして付与すべきデータの多くがファイルのプロパティ情報から抽出可能であるということです。

さらに長期保存に適したフォーマットに変換する実験では、長期保存フォーマットとしてISO19005-1として国際標準化され各国政府で採用が相次いでいるPDF／Aに変換できることが確認されました。

兎にも角にも、国レベルのデジタルの長期保存に向けて矢は放たれ、その成果が期待されています。

## 電子メールの保存、メールの真贋

「オーストラリア政府のシステムを使って作られた電子メールは、国家の記録であり、一九八三年制定の公文書館法に基づいて処理されなければならない」

オーストラリア国立公文書館のホームページには電子メールに関してこのような見解が載っています。オーストラリアは記録管理の先進国ですが、世界の潮流はまさに、「電子メールは記録」です。

読者の皆さんは、二〇〇五（平成七）年に起きたライブドア社長と自民党幹部のメール騒動を憶えておられる方も多いと思います。民主党はそれが原因で、党首の首が飛びました。

ここでどうしてそのメールが偽物だったのか、復習してみましょう。当時以下のことが言われました。すなわち、

・メールソフトがライブドア堀江社長の仕様と違うこと
・メールの形式が@堀江となっていること
・経過の中で情報仲介者に対する信頼が喪失したこと

の三点が挙げられました。いわばメールの「様式」「書式」「出所」という、いずれも電子記録のコンテクストにおいて偽物だった、ということでした。

二〇〇六年の一二月に発覚した日興コーディアルグループ不正会計処理問題では、証券取引等監視委員会が、当該の役員のメールが一定の期間一つも見つからないことから、証拠隠滅の疑いがあるとして告発しました。検察もサーバを押さえ、メールを復元したことで事件の一部が解明できたといいます。さらに、会社自ら設置した特別調査委員会からの報告書も、事件に関わるメールを復元して調査したと報告されています。

メールに関わる事件では、二〇一〇年九月に破綻した日本振興銀行の前会長がその二か月前の七月、金

融庁の検査妨害で逮捕された事件も挙げられます。業務に関わる八〇〇通余りのメールの削除を自ら命じていたと報じられました。

米国では、二〇〇六年に、ｅディスカバリー（53ｐ参照）に関する規程、すなわち証拠の開示には電子的に保存された情報が含まれることが明確にされました。メールは率直なコメントや本音が出やすいため、裁判では原告に有利とされます。

わが国においても、電子メールは、いまや組織の内外を問わず連絡ツールの中軸となっていますが、その管理は受発信した当人に任されているというのが実情ではないでしょうか。電子メールの整理・分類やバックアップ機能は、どのようなメールソフトにも付属しており、簡単にできることなのですが、ルールを決めて保存したり、情報資産として活用したりしているという話はあまり聞きません。せいぜいc.c.で、関係者内で共有する程度で、あくまでも「個人のもの」という意識が強いようです。実際には会社としての約束事などを相互に確認しあうのに使っていたり、重要文書を送受信したりしているわけですから、組織として管理する必要があります。

現在、メール・アーカイブ・システムがＩＴ系企業で開発され商品として出回っています。このシステムは、メール・サーバが中継するすべての電子メールについて、その本文や添付ファイルなどをすべて保存するシステムです。導入に当たっては、

・大容量データへの対応

従業員数と受発信の頻度にもよるが、容量はすぐにギガやテラバイトレベルに達すると想像される。

・サーバの設置基準
メール・サーバに組み込むか、別途専用サーバを設けるか。
・検索性能
大量のメールから特定のメールを探索できるか。有事の際、すぐに情報開示ができるか。
・履歴のトレース
「いつ」「だれが」「どの」メールについてのデータを取り扱ったかのアクセス履歴を残しておく必要。
・証拠の保全
保存したメールが正当であることを証明するため、データが改竄されないことを証明する必要。
・メール管理規程の作成
新たにメール管理基準を作成して、特に保存期間を明記。
などを十分に検討する必要があります。

Column

## コンピュータ・フォレンジック

脅迫メールに添付されていた加入者リストから犯人が割り出された…。

私たちの身の回りでは勧誘の電話が未だに後を絶ちませんが、自宅の電話番号をどこから入手したのだろう、どこが流出させたのだろう、と薄気味悪さと腹立たしさを感じることはないでしょうか。

冒頭に紹介した事件は、自ら勤める会社に対して、加入者リストが出回ると大変なことになるといって金銭を強要、逆にEXCELで作成された名簿ファイル中、「プロパティー」中の「ファイルの概要」に脅迫者の名前があって犯人が割れた、というものです。

不正アクセスや機密情報漏洩などコンピュータに関する犯罪が後を絶ちません。これらの捜査に必要な機器やデータ、電子記録を分析する方法や技術を称して、コンピュータ・フォレンジック（forensic）といいます。本文で紹介したメール・アーカイブもその一つと言えるでしょう。

容疑者のコンピュータを押収してハードディスクから証拠となるファイルを探し出したり、サーバのログファイルから不正アクセスの記録を割り出したり、破壊・消去されたディスクを復元して証拠となるデータを押収したり、データが捏造されたものかどうかを検証したりといった技術が該当します。直近では、厚生労働省郵便不正事件に絡む証拠品の検察によるフロッピーディスク（FD）データ改竄などはその最たる事例でしょう。

冒頭のケースは、実際は被害者であるのに下手をすると加害者にさせられてしまうケースであり、今後このような犯罪もコンピュータ上で多発してくると思われます。
事実関係を明らかにして組織の潔白を証明することもコンピュータ・フォレンジックの役割の一つと言えるでしょう。

## レコードキーピングの考え方

### レコードキーピング（recordkeeping）とは

社会情勢の変化のスピードが速まり、「今日の現用文書は、明日には非現用文書になる」と言われる昨今です。このような環境のなかで、アーカイブは、単に「過去の記録」だけを相手にしていていいのか、という議論が出始めています。

もともと、ヨーロッパ社会[※7]におけるアーカイブは、現用文書も含めた記録全般を管理・保存する考え方だったようです。社会が成熟して複雑になり、文書量も多くなるに従って、一九五〇年代、特に米国において、レコードとアーカイブを分けて考えるようになりました。

そこでは、レコード＝現用文書を扱う専門家をレコード・マネジャー、アーカイブ＝非現用文書を扱う専門家をアーキビスト（27p参照）と呼んで区別し、役割を分担したのです。

しかし、このように役割を分担させると、一般の市民は随分と不便を感じるようになりました。例えば、これまで情報公開法などは、行政機関の「行政文書」と言われる現用文書のみが市民の請求により閲覧可能になる、という法律で、「特定歴史公文書」と言われる非現用文書は、情報公開法による公開の対象にされていなかったのです。これなどは、二つを区別する名残と言えるかもしれません。

ドキュメント（文書）
↓
レコード（記録）
↓
アーカイブ（組織記録）
↓
アーカイブズ（社会記録）

という一連の流れを合わせて、記録の作成・管理・移管・収集・保存・利用、最終処分の行為を包括する新しい考え方を、「レコードキーピング」と呼び、担当者をレコードキーパーと呼んでいます。私たちは、「文書」や「記録」という言葉を深くは考えずに使っていますが、ここでは明快に定義されています。

この考え方は、私たちの活動の痕跡を、まず「ドキュメント」と捉えます。それがいつ書かれたのか、誰が書いたのかということは作成者しか分かりません。そこでこれにメタデータ（目録）を付したものを「レコード」と呼びます。さらにそれが個人という枠を越えて、「アーカイブ」（組織記録）となり、さらには「アーカイブズ」（社会記録）となりうる（22ｐ参照）という、記録の社会での在りようをマクロ的に把握する考え方です。

アーカイブを、通常のいわゆる「歴史資料」だけだなどと思ってはいけない、と主張しており、いわば、作成された時点から、組織記録、社会記録として共有されるべき存在なのだ、という主張なのです。そこでは「ライフサイクル」という考え方、すなわち文書を作成後、時間の経過とともに使用頻度が減少して保管する、ゆくゆくは選別して、保存・廃棄の選択をする、という「作成者の視点から見た記録」というミクロ的な考えだけで解釈することの限界を指摘しています（200ｐ参照）。

## 「記録」は社会の子

記録管理の先進国、オーストラリアから発信された、記録連続体理論[※8]（the records continuum）は、伝統的な考え方、すなわち現用・半現用はレコード・マネジメントの領域、非現用はアーカイブの領域、という考えから、現用・半現用・非現用の資料を、一貫した基準で統御する考え方にパラダイム（支配的な物の見方や捉え方）をシフトさせ、ライフサイクル論から一気にレコードキーピング（record keeping）の考え方を世界に向かって問題提起しました。この論を、主唱するオーストラリア・モナッシュ大学のスー・マケミッシュ（Sue McKemmish）教授は、[※9]「Records are both current and historical from the moment of their creation.」（記録とは生み出された時から現用でもあり歴史的なものでもある）と説明しています。

私たちの身近でも、情報公開や個人情報あるいは組織活動の透明性に関して、いろいろな立場の人がそれら情報へのアクセスを求めています。説明責任、という言葉を聞かない日はない昨今です。そのようななかにあって、もはや記録は、作成され生み出された瞬間から一個人、一組織のものだけであるべくもなく、「社会の子」という宿命を担っており、現在そして未来での利用が待っているのです。未来にとっては、現在は歴史ですから、未来の利用を考えれば、生み出された文書はまさに歴史的でもあります。

記録自体の社会でのあり方、記録と社会、という問題を鋭く提示するこの考え方は、一部のアーカイブ先導者によってわが国にも紹介されつつあり、※⑩今後アーカイブのより優れた環境作りに理論と実践がなされています。

Column

## アーカイブ（組織記録）とアーカイブズ（社会記録）

本書冒頭（22p参照）でも、「アーカイブ」と「アーカイブズ」の用語について説明しましたが、本項では、それぞれ、「組織記録」、「社会記録」という訳語がふられました。世界の最先端の解釈といっても過言ではないでしょう。

メタデータの国際標準、ＩＳＯ２３０８１が、二〇〇七（平成一九）年に制定されました。そのなかで、記録のその時々の様相の定義があり、アーカイブとアーカイブズを以下のように説明しています。

アーカイブ…組織や個人の記録の総体（医療を例にとれば、その医療に関する全ての記録あるいはある保険会社の一支社の全ての記録）

アーカイブズ…集合記憶を形成するために包括的枠組みにつながる特定の社会、管轄区域、ビジネス部門や社会分野内部の全ての記録（同じく医療を例にとれば、複数の医療の記録や発展途上国でインフラ整備に貢献している複数の非政府機関の記録）

これらアーカイブとアーカイブズの二項目の前段階として、「アイテム」、「一連の業務処理」、「ファイル」、「シリーズ」という記録の階層が列記されています。

「ファイル」とは例えば、

ある医療のある患者のまとまった記録

「シリーズ」とは、

ある医療の患者ファイルや保険会社の従業員ファイル

と説明されており、その流れの最後に、「アーカイブ」と「アーカイブズ」を掲げて記録と社会の関係を厳密に説明しています。

大方の英語の辞書では archive は、通例は複数形で archives と使われる、と掲げられている程度です。このメタデータの国際標準は、記録の理解を容易にし、証拠としての記録を守るべく、あらたな時代のアーカイブ（ズ）像を提示していると言えましょう。

## まとめとして――今後の方向性、どんな勉強をしたらいいのか

### アーカイブの真の目的はなにか

ある企業アーカイブのセミナー[※⑪]で理論と実践の話をした折り、事前にいくつか質問が寄せられていて、その中で、「アーカイブの真の目的はなにか」というものがありました。大変率直な質問で、ウーンと唸りましたが、お答えしないわけにもいきません。質問された方は、その講演後も前述した、組織アーカイブと収集アーカイブ（35p参照）に興味を示され、組織アーカイブの実践企業を教えて欲しいと重ねて質問してこられました。会社で実際に資料館を運営されていて、組織アーカイブの大事さと難しさが骨身に染みているといった様子でした。周りで見聞きするアーカイブ、といっても茫洋としていて、ご自分の資料館もどんな位置づけにあるのだろうか、きちんとした目的や仕組みで行われているのだろうか、と不安だったたに違いありません。そんななか、アーカイブの真の目的や如何、という質問が発せられたのだと思います。

一方筆者も、世界の議論はどうなっているのか、あるいは私たちがアーカイブの理論を勉強、実践する中でどんなことが言えるのか、考えた末、以下の説明を用意した次第です。本書をお読みになられた皆さんは、答えは既に大体お分かりになっておられると思いますが、一緒に考えてみましょう。

目的については二つ言えるだろうと思います。

第一は「証拠」として取っておくということです。これは、

・説明責任を果たすため
・裁判対応のため
・CSR、コンプライアンス対応のため

等々がその背景にあります。

一〇〇年に一度のパラダイム転換の中で、わが国の貧しい記録管理、アーカイブ体制を改めていかないと組織体が吹っ飛んでしまう。証拠として取っておかないと立ち行かなくなる―このことは本書でも繰り返し力説したことです。

一方では、資産として継承する、さらにそれを上手く使いこなして業績を向上させる―このことのために残していこうという考え方です。組織の文化、歴史を検証し、そこから創業の理念、企業理念、社風、DNAを感じ取り継承と発展に結びつける―。これもまた本書で力説したところです。

後者は大きく捉えるならば、「文化、社会の記憶を守る砦としてのアーカイブ」とも言い換えることができます。

**「証拠」の目的をさらに―勉強と実践の方向性**

現用記録と非現用記録を統合したレコードキーピング（recordkeeping）という考え方を紹介しましたが（208p参照）、このバックボーンの一つはまさに「証拠としてとっておく」ことにあります。組織アー

カイブの導入が併行して進められます（36ｐ参照）。

公文書管理法の精神は、使い終わった時点で文書が公開や説明責任を担わされる、ということではなく、文書作成の段階から、このことを念頭に置いて作りなさい、というところに真骨頂があるとも言えます。これも突き詰めれば「証拠主義」の延長線上にある考え方と申せましょう。

電子メールの保存について述べましたが（203ｐ参照）、これも証拠の維持のためです。アーキビストとＩＴ技術者とのコラボレーションが今後望まれます。

さらにアーキビストがレコード・マネジャー、ＩＴ技術者と一緒に取り組むべき課題には、
・（例えば七〇・八〇年代から存在してきた）年金記録、センサス記録などが入力されている機械可読の記録（machine-readablerecords）
・Ｗｅｂ上の記録
・特別な仕組み（special application）[※⑫]を必要とするＣＡＤ記録、ＧＩＳ記録、デジタル写真などが挙げられます。これらすべてをアーカイブや記録管理の観点で、あるいはマネジメントの観点で目配りできる人材の創出も必要となって参ります。

**「文化の砦」の目的をさらに**

資生堂の福原義春氏は、その著書[※⑬]の中で大要次のようなことを言われています。

「優れた作品は、一〇〇年前のものだろうが、二〇〇年前のものだろうが、常に現在的な力をもつ。いま

は作品と評価されずに資料にしか見えないものでも将来の別な読み取り方によって、その作品性が見えてくる資料もある。資料と作品を区別して安易に切り捨てることはしないで、過去のものを大事にしたほうがいい。後世の人が何を発見してくれるか分からない。社会に対して、人類に対して、文化に対して、商品や価値をどうつくっていくかということは、企業の大きな目的である」

ある企業の資料館でのこと、創業者が従業員の親元に月々給料の他に何がしかのお金を送る、これを創業者が亡くなるまで続けた。もらった方の親御さんが大変感激され、返事が認められた。達筆な毛筆で認められたその束が、倉庫にきちんと保存されていました。創業者みずからが率先して行い、その後会社が受け継ぎ育んだこの行為に、社風や伝統がよく表れている気がしました。まさに「文化」を残しているのだと。

誤解を恐れずにいうと、よい企業文化がよい資料を生み、残される。残された資料がさらによい企業文化を醸成し、社会によい影響をもたらし、これがスパイラル状に発展する、という印象を持つものです。

わが国の記録、記憶がいつまでも米国の公文書館に依存するというのは情けない話ではないでしょうか。「証拠を」、「活用を」、という前に、「残すこと」の意義をこの事例は教えてくれています。

Column

## 戦争に翻弄された村人の生きた記憶

松本清張の作品に『遠い接近』という小説があります。戦争末期一片の「赤紙」によって人生を狂わされた主人公が、召集のからくりを突き止め、復員後復讐の炎を燃やす、という粗筋であったかと思います。

誰が戦争に行くのか、誰が召集されるのか、それを決めるのは誰か、個人が保存していた兵事記録の公開がある資料館で進んでいます。

滋賀県内の男性最高齢者、故・西邑仁平《にしむらにへい》さんは戦時中、村人らに国民兵召集令状「赤紙」を渡した役場の兵事係でした。敗戦後、焼却命令を無視して軍事行政書類を自宅に隠して六〇年余、今その膨大な資料に光が当てられています。

西邑さんは、兵事に関する書類の全てを二四時間以内に焼却せよ、との命令に違反して独断でその夜のうちに役場のリヤカーに積み込んで自宅に持ち帰り、隠し通しました。

母一人子一人の家に戦死公報を届けた日の記憶、自転車で村を走ると自分の家に来るのではないかと、おびえる村民の記憶…。戦死した村人、戦争に翻弄された村人の生きた証、人生の夢半ばにして散った命の最期まで命令で焼くことはできない、との一念から守り通した。このまま誰にも知らせず封印をしたまま墓場まで持って行こうとも思われたとも。

資料を寄託された浅井歴史民俗資料館の「終戦記念展」には毎年多くの来館者があり、身近なところから見つかった資料に皆さん涙をにじませるといいます。

※① S.H.Jenkinson. A manual of archive administration including the problems of war archives and archive making. The Clarendon Press.1922.

※② T. R.Schellenberg. Modern Archives.the University of Chicago Press.1956.

※③ 同様の趣旨の英語論文、Society and the Formation of a Documentary Heritage：Issues in the Appraisal of Archival Sources. を一九八七年、カナダの論文誌、Archivaria に発表している。

※④ 橋本寿朗、『戦後日本経済の成長構造—企業システムと産業政策の分析—』、有斐閣、二〇〇一年

※⑤ 「平成二〇年度　電子公文書等の管理・移管・保存・利用システムに関する調査報告書　平成二一年三月　内閣府」

※⑥ 古い画像データが、あるファイリングソフトでまとめられており、そのソフトがWindows98までしか対応していないため、データを取り出すために苦労させられた、などという事例は枚挙に暇がないと思われる。

※⑦ 筆者が『入門・アーカイブズの世界—記憶と記録を未来に—翻訳論文集』（二〇〇六年）編集の折り、所収論文の著者、オランダのテオ・トマセン教授から受信したメールでは、「英語では、records と archives を区別するが、オランダ語や他の多くの言語は、これらを一つの言葉で表現し、オランダ語では、archief という」とあった。

※⑧ 記録と社会の関わりを、個々の記録が有効に働く期間に対応するライフサイクル論のみで考えるのではなく、記録の作成、記録の捕捉、記録の組織化、記録の多元化という行為をいわば継ぎ目無く考えて行こうという、記録を管理するためのマクロ的な概念モデル。

そのことによって、従来のような記録管理手法ではなく、記録の発生からのプロセスを分析して、能動的に記録を管理していこう、という考え方。ＤＩＲＫＳ（Designing and Implementing Recordkeeping Systems）方法論が実践されている。

※⑨ 『入門・アーカイブズの世界—記憶と記録を未来に—』（記録管理学会、日本アーカイブズ学会編）に同論文が所収されている。

http://infotech.monash.edu/research/groups/rcrg/publications/recordscontinuum-smckp2.html

※⑩ 国立公文書館勤務の中島康比古氏の論文参照。

「レコード・コンティナムが問いかけるもの」（『レコード・マネジメント』No.49，二〇〇五年、記録管理学会）

「レコードキーピングの理論と実践：レコード・コンティナムとDIRKS方法論」（『レコード・マネジメント』No.51.

二〇〇六年、記録管理学会）
「人が記録と向き合うとき―大文字の記録だけではなく」（『レコード・マネジメント』No.56, 二〇〇八年、記録管理学会）
また、『入門・アーカイブズの世界―記憶と記録を未来に―』（記録管理学会、日本アーカイブズ学会編）所収、安藤正人氏（現・学習院大学大学院教授）の解説「編集にあたって」も参照。

※⑪　二〇〇九年七月一五日開催、「企業アーカイブ実務セミナー」、主催・出版文化社、共催・東洋経済リサーチセンター

※⑫　二〇〇八年八月に古賀崇氏（現・京都大学准教授）が、カナダのテリー・クック教授（元・カナダ国立公文書館、現・マニトバ大学）から示唆を受けたもの。

※⑬　福原義春＋文化資本研究会、『文化資本の経営　これからの時代、企業と経営者が考えなければならないこと』、ダイヤモンド社、一九九九年

**（ＵＲＬの参照時期はすべて二〇一一年八月）**

# あとがき

二〇一一（平成二三）年三月一一日午後二時四六分、本書出版のｅメールを開いた矢先、私のデスクトップパソコンが大きく揺れました。揺れが一旦収まった後、返信を打とうとしたらまた大きな揺れが来ました。これは一大事だと外に飛び出しましたが、その激しさに遂に家屋の倒壊が始まるのかと観念しました。テレビは街をなぎ倒す津波を映しています。私の郷里の九十九里沿岸にも一〇メートル以上のものが襲ってくると慌しいアナウンサーの声です。そこには親類もおり、これが今生の別れとなってしまうのか、そこに建つ亡父の墓も流されてしまうのかという思いが一瞬よぎりました。電話の混線のなか、家族・縁者の無事が確認できたのはそれから六時間後のことでした。

映像は、連日、そっくり無くなってしまった家の跡にたたずむ人々を映しています。ある老漁師は、妻子は無事であったものの、船を失い、三〇年暮らした家は壊れて写真一枚残っていないという。三〇代とおぼしき夫婦は、壊れた家屋の前に立ち、アルバム一つ取り出せなかった、自分たちの記憶が無くなってしまったと号泣しています。なにより町ごと戸籍がそっくり流されてしまったところもあるといいます。

津波は根こそぎ記憶を奪っていく…。

一方で、五〇年前のチリ地震の津波の記憶が生きていて一目散に逃げて助かった人や、ここより下に家を建ててはいけないという碑の教えを守った地区のこと、工場の二階に置いた金型が被災を免れ企業活動を続けられる、といった話も伝わってきます。

今回の未曾有の大震災にアーカイブはどのように力になれるのか、この「あとがき」を書くに当たって自問自答した三か月でした。

忘却と記憶との葛藤が被災された方々にこれから重くのしかかってくることを阪神淡路大震災が教えています。一刻も早くこの地から離れたい、忘れたい、忘れたくても忘れられない、この街を昔の楽しかった姿に戻そう…。「あの日の出来事を忘れたとき、再びあの日が繰り返される」本書で紹介した田邊雅章氏のことばです。

ときあたかも郵便不正・フロッピーディスクのデータ改竄《かいざん》事件の公判が新聞の片隅で報じられています。件の電力会社の二〇〇二年に起きた原子力自主点検記録改竄事件は遠い昔の出来事だったのでしょうか。

「良心に従って記録を残していく」――「record」の原義ですが、いとも簡単に破られるのを私たちは目の当たりにしてきました。

記憶すること、記録すること、残すことの意義と方法を改めて問い直す時ではないか、との思いに駆られます。

従来この類のアーカイブの入門書は著されてこなかったと申してよいでしょう。わたし自身の企業史編集から、記録管理学会での機関紙編集及び旧職場である出版文化社でのヘリテージサービス企画営業の実践から、具体的事例を挙げて述べました。

アーカイブの入り口でとまどっている方、アーカイブの全体像がよく分からないという方、理論がよくわからないという方、実践面で不安があるという方、これらの方々に是非本書を読んでいただきたいと思います。

最後に、本書刊行の労をとられ、企画の協力をいただいた出版文化社の皆様、同社アーカイブ研究所所長・小谷允志氏に心よりの御礼を申し述べる次第です。

二〇一一年六月一一日　　千葉県船橋にて　　朝日　崇

## 本書増刷にあたり

本書刊行の二〇一一（平成二三）年から本年・二〇一四年の三年間には、アーカイブに関するさらなる出来事が自治体、企業、学園で積み重ねられてきました。まずはこの間の主だった動きを、時系列にまとめてみましょう。各項目の文末に付した（　）内のページには関連項目が記載されています。

・二〇一一年三月　東日本大震災を受けて、被災・救援情報サイト saveMLAK が活動を開始（Museum, Library, Archives, Kominkan の頭文字）。また、ビッグデータを駆使し災害の実相を伝えるデジタルアーカイブが盛んとなる（29p）

・二〇一一年四月　公文書管理法施行（10p）

・二〇一一年四月　法政大学大学院人文科学研究科史学専攻に、アーキビスト養成プログラムが開設（44p）

・二〇一一年四月　学習院大学、学習院アーカイブズ設置。以降、二〇一二年には東京外国語大学、二〇一四年には東京大学で文書館設置（180p）

・二〇一一年五月　国際シンポジウム「ビジネス・アーカイブズの価値」開催（渋沢栄一記念財団、国際アーカイブズ評議会企業労働アーカイブズ部会、企業史料協議会共催）（80ｐ）
・二〇一一年一一月　島根県公文書センター設置、翌二〇一二年には福岡共同公文書館設置。以降も全国で設置が続き、二〇一四年一〇月までの公文書館は、都道府県三五、政令指定都市九、市町村二四となる（16ｐ）
・二〇一二年一月　東日本大震災の対策会議等で、議事録が作成されていないことが判明、と報道される（55～56ｐ）
・二〇一二年一月　高い技術力を誇る東京都大田区の町工場は、かつて六千あったものが四千を割ることが確実に。技術の伝承が産業上の課題となる（74ｐ）
・二〇一二年三月期　アニュアルレポートとＣＳＲレポートを統合し、長期的視点に立った「統合報告書」作成企業が、四〇社を数える（73～78ｐ）
・二〇一二年九月　日立製作所、京都大学は、三億年たっても消えないメモリーを共同開発したと発表（131～133ｐ）。アーカイブ関係でも期待が高まる
・二〇一三年四月　大阪大学アーカイブズが国立公文書館に類する機能を有する施設として、内閣総理大臣の指定を受ける（181ｐ）
・二〇一三年四月　日本アーカイブズ学会は、制度として初めてとなる、二〇一二年度「日本アーカイブズ学会登録アーキビスト」の名簿を発表（44ｐ）

・二〇一三年九月　レコード・マネジメント／アーカイブズ全国大会開催。日本アーカイブズ学会、記録管理学会など関係六団体初の共催。テーマは、「持続可能な電子記録保存の課題と展望」、「レコードキーピング時代の人材育成」（44ｐ、131〜133ｐ）
・二〇一三年一二月　特定秘密保護法公布。以降、公文書管理法との関係につき、議論が活発になる（13ｐ）
・二〇一四年三月　内閣は、四月一日以降開催される閣議・閣僚懇談会から記録を作成・公表することを閣議決定（50ｐ）
・二〇一四年五月　国立公文書館の機能・施設の在り方等に関する調査検討会議発足。八月中間提言（170ｐ）
・二〇一四年六月　富岡製糸場と絹産業遺産群、世界遺産に登録。全国に点在する産業遺産を活用し、産業観光による地方再生に向けて拍車がかかる（63〜65ｐ）

以上見てきたように、この三年間にはいくつかの大きな流れがあるようです。
第一に、東日本大震災以降のアーカイブへの関心
第二に、自治体の文書館設置や国立公文書館の活動のさらなる加速とアーキビスト認定制度の発足
第三に、統合報告書作成に表れる企業の長期的視点での評価とアーカイブの視点の導入、また

産業遺産を残し活用することの意義
第四に、学園アーカイブの設置の加速
第五に、記録の長期保存技術の課題解決
第六に、閣議等の議事録を記録・公開する機運醸成の一方、防衛秘密などの文書の保存・廃棄と公文書管理法との関係
と挙げられます。
私達の周りをめぐる動きは、ますます予断を許さない状況になっていると思われます。これらの流れをよく見極めてアーカイブを真摯にマネジメントする必要に迫られているといえましょう。

二〇一四年一〇月一六日　　千葉県船橋にて　　朝日　崇

【人名索引】

# 索　引

※太字は主要解説部

著者プロフィール

朝日　崇（あさひ・たかし）

1954 年　千葉県生まれ
1978 年　一橋大学社会学部卒業

大手印刷会社にて 150 冊余の企業史編集業務に従事の後、
㈱出版文化社にてアーカイブの企画営業を行う。
現在フリーの立場にてアーカイブの啓蒙・実践に従事。
記録管理学会会員（2003 年～ 2009 年理事・学会誌編集委員長）、
日本アーカイブズ学会会員

# 実践　アーカイブ・マネジメント
## ― 自治体・企業・学園の実務 ―

2011 年 10 月 17 日　初版第一刷発行
2014 年 11 月 13 日　初版第二刷発行

著　　者　朝日　崇
発 行 所　出版文化社
〒 541-0056 大阪市中央区久太郎町 3-4-30　船場グランドビル 8F
TEL 06-4704-4700（代）　FAX 06-4704-4707
E-mail osaka@shuppanbunka.com
〒 101-0051 東京都千代田区神田神保町 2-20-2 ワカヤギビル 2F
TEL 03-3264-8811（代）　FAX 03-3264-8832
E-mail tokyo@shuppanbunka.com
受注センター　TEL 03-3264-8811（代）　FAX 03-3264-8832
E-mail book@shuppanbunka.com
発 行 人　浅田　厚志
印刷・製本　株式会社　シナノ パブリッシング プレス

当社の会社概要および出版目録はホームページで公開しております。
また書籍の注文も承っております。→ http://www.shuppanbunka.com/
郵便振替番号　00910-1-32891
落丁・乱丁本はお取り替えいたします。定価はカバーに表示してあります。
ISBN978-4-88338-450-1
©Takashi Asahi 2011 Printed in Japan
Edited by Kazuma Mori